Die Seele geht am liebsten zu Fuß

Peter Müller

Die Seele geht am liebsten zu Fuß

*Mein Pilgerbegleiter
für zu Hause und unterwegs*

Mai 2017

Patmos Verlag

VERLAGSGRUPPE PATMOS

PATMOS
ESCHBACH
GRÜNEWALD
THORBECKE
SCHWABEN

Die Verlagsgruppe
mit Sinn für das Leben

MIX
Papier aus verantwor-
tungsvollen Quellen
FSC® C083411

Für die Schwabenverlag AG ist Nachhaltigkeit ein wichtiger Maßstab
ihres Handelns. Wir achten daher auf den Einsatz umweltschonen-
der Ressourcen und Materialien.

Umschlaggestaltung: Finken & Bumiller, Stuttgart
Abbildungen: © Vicky SP / shutterstock.com (Umschlag),
Peter Müller (innen)
Gestaltung, Satz und Repro: Schwabenverlag AG, Ostfildern
Druck: CPI – Ebner & Spiegel, Ulm
Hergestellt in Deutschland
ISBN 978-3-8436-0721-6

Inhalt

Einladung

„Erzähl uns von deinen Erlebnissen, Begegnungen und Erfahrungen beim Pilgern. Was hast du, was haben andere beim Pilgern erlebt?" Darum bat mich ein Teilnehmer am vorletzten Tag eines Pilgerkurses zum Thema „Die Weisheit des Pilgerns". Wohl hatte ich das eine oder andere Erlebnis und einige Geschichten zum Sinn des Pilgerns schon erzählt, doch die Teilnehmer waren nach wenigen Tagen des gemeinsamen Unterwegsseins erst jetzt bereit, sich für die Weisheit des Pilgerns und den Sinn ihres Pilgerns in Erfahrungsgeschichten zu öffnen.

Da wurde mir wieder bewusst: Die eigentlichen Antworten auf existenzielle Fragen unseres Lebens finden wir selten in philosophischen, psychologischen oder theologischen Handbüchern oder Abhandlungen. Wir finden sie oft in erzählten Erlebnissen, in Geschichten aus allen Kulturkreisen und Religionen, in verdichteten Sinnsprüchen und in den Erfahrungen von Pilgern und Pilgerinnen. Solche gleiche, ähnliche und unterschiedliche Erfahrungen verbinden die Pilger. Sie schaffen Nähe und Vertrauen. Daher erlaube ich mir auch, dich, liebe Leserin, lieber Leser, mit dem unter Pilgern vertrauten „Du" anzusprechen. Denn auf Pilgerwegen spielen Beruf, Titel, Alter, Leistung, Auszeichnungen und Erfolge keine Rolle. Wir alle sind Pilgerinnen und Pilger, die aus unterschiedlichen Motiven auf einem der Jakobus- oder anderen Pilgerwegen, vor allem aber auf einem inneren Pilgerweg zu sich selbst unterwegs sind.

Zunächst möchte ich dich hier mit einer Geschichte und einem Sinnspruch auf deinen Pilgerweg einstimmen. Dann will ich dir zeigen, welche spirituellen Anregungen du hier findest.

Ein in alle Welt gereister Mann kam mit dem Flugzeug nach Santiago de Compostela. Auf diese Weise hatte er schon viele heilige Orte, Tempel, Pilgerzentren und Kirchen besucht. Es war gerade Mittagszeit und er stand auf dem großen Obradoiro-Platz und betrachtete die ihm von Fotos bekannte und berühmte Westfassade. Immer wieder kamen Pilger auf den Platz, viele allein und still, andere in einer Gruppe, wenige laut jubelnd, doch alle mit strahlendem Gesicht und leuchtenden Augen. Der Reisende sprach eine Pilgerin an und kam mit ihr ins Gespräch. Begeistert erzählte der Mann von all den heiligen Orten, die er in aller Welt gesehen hatte und an denen er Gott suchte, aber nicht gefunden habe. Die Pilgerin beeindruckte das nicht, im Gegenteil, ihr Gesicht wurde ernster und ihre Augen verloren etwas von ihrem Glanz. Geduldig hörte sie ihm zu, denn sie wollte nicht unhöflich sein. Doch dann nutzte sie die Gelegenheit während einer kurzen Atempause und sagte zu ihm: „Es tut mir leid, dass Sie so viel in der Welt herumreisen mussten und Gott noch nicht gefunden haben. Ich ging zu Fuß, meine Seele brauchte Zeit, denn sie geht am liebsten zu Fuß. Ich bin als Wanderin aufgebrochen und als Pilgerin angekommen. Gott hat mich begleitet."

Peter Müller

Du musst nicht über Meere reisen
musst keine Wolken durchstoßen
und nicht die Alpen überqueren.

Der Weg, der dir gezeigt wird, ist nicht weit.
Du musst deinem Gott nur
zu dir selbst entgegengehen.
Bernhard von Clairvaux

Die Geschichte und der Sinnspruch laden dazu ein, uns als Pilgerin und Pilger auf den Weg zu machen, um „Bausteine" zum Sinn des Pilgerns und des Lebens zu suchen, uns ihnen anzunähern und sie zu finden. Einem Beispiel begegneten wir in der vorgestellten Geschichte, als die Pilgerin am Ziel in Santiago de Compostela sagt: „Meine Seele brauchte Zeit, denn sie geht am liebsten zu Fuß", oder bei Bernhard von Clairvaux, der meint, um Gott zu finden, musst du ihm „nur zu dir selbst entgegengehen". Diese Erkenntnis gilt für das Pilgern und das Unterwegssein im Alltag des Lebens.

So einfach jedoch, wie es hier erscheinen mag, liegen die „Bausteine" für mögliche Sinnantworten weder auf Pilgerwegen noch auf den Wegen des Lebens. Es braucht unsere Bereitschaft und den Mut, aufzubrechen, „in die Fremde zu gehen" (so der ursprüngliche Sinn des lateinischen Wortes „peregrinatio"), neue Wege zu gehen und sich körperlich, geistig und seelisch auf den Pilgerweg einzulassen mit all seinen äußeren und inneren Höhen und Tiefen, mit seinen Begegnungen, Entbehrungen, Belastungen, Herausforderungen, aber auch den Versuchungen, aufzugeben. Auf diesem Weg möchte ich dich begleiten — wie lange und wo auch immer du unterwegs bist.

Im ersten Teil des Buches („Von der Weisheit des Pilgerns") findest du einführende Gedanken und Anregungen zur Weisheit des Pilgerns, zum Sinn von Geschichten, die uns „verdeckt ihre Weisheit" mitteilen wollen, und zu Sinnsprüchen als „verdichtete Lebensweisheit".

Der zweite Teil des Buches, „Pilgern – Auf den Spuren der Weisheit", ist das Herzstück dieses Pilgerbegleiters. Eingeleitet wird er durch „zehn Wegweiser" für Pilgerinnen und Pilger, an denen sich dein Pilgern täglich neu orientieren kann. Erfahrungen und Gedanken zum „Leben als Pilgerweg" und das „Unterwegssein" vieler Pilger öffnen deinen Blick zu vielfältigen Begegnungen auf Pilgerwegen und zeigen, dass die Weisheit des Pilgerns uns in vielen kleinen, manchmal unscheinbaren Dingen unterwegs begegnet.

Eine alte Mönchsgeschichte eröffnet dir dann den Zugang zu einer Sammlung von Weisheitsgeschichten und Sinnsprüchen aus der spirituellen Tradition verschiedener Religionen und Kulturkreise. Geschichten aus dem Alltag und Erlebnisse von Pilgerinnen und Pilgern ergänzen diesen reichen Textfundus. „Aufbrechen – Unterwegssein – Ankommen, Heimkehren, Weitergehen", das sind die Signalworte für drei Bereiche, unter denen die Geschichten präsentiert werden. Sie wollen dich anregen, deine innere Tür zu öffnen zu den Fragen deines Da- und Unterwegsseins. Unzählige Pilgerinnen und Pilger waren von den Anfängen der Pilgerschaft bis heute als Sinnsucher unterwegs. In ihren Geschichten, Erlebnissen und treffenden Sprüchen können wir, wenn auch noch verdeckte, aber weise Antworten auf die Fragen unseres Lebens entdecken. Welche wirst du finden? Deine persönlichen Gedanken und Ideen dazu kannst du auf der freien Seite nach jeder Geschichte notieren. Unterbrochen wird die Sammlung der Geschichten durch zwei „heilsame Unterbrechungen". In der ersten Unterbrechung findest du „meditative Texte und Gebete" zum Start in den Tag, zur Atempause unterwegs und zum Abschluss des Tages. In der zweiten „heilsamen Unterbrechung" findest du „meditativ-spirituelle Impulse für Leib und Seele". Wähle dir alle ein bis zwei Tage eine Übung aus, integriere sie in deinen Tagesrhythmus und setze dich so mit der Natur, Kultur und mit dir selbst auseinander.

Ich wünsche dir ein erlebnisreiches Pilgern! Buen camino!

Am Festtag von Jakobus dem Älteren,
dem 25. Juli 2015

Peter Müller, Rottweil

Deinem Leben Richtung geben

Pfeile und Wegweiser
zeigen die Richtung
künden vom Ziel
deiner Sehnsucht

Wegführer und Wegkarten
zeigen äußere Pilgerwege
Geschichten, Sinnsprüche und Impulse
laden dich ein zum inneren Pilgerweg

Wegweiser, Karten und Wegführer
Geschichten und Sinnsprüche
deinen äußeren und inneren Weg
musst du selbst gehen

Wage es und brich auf
lasse los und gehe
lasse dich auf deinen Weg ein
gehe, suche, finde

Weg wird Weg im Lassen
Weg wird Weg im Gehen
Schritt für Schritt
gibst du deinem Leben eine Richtung

Peter Müller

Von der Weisheit
des Pilgerns

Mein Weg

Mein Ziel vor Augen
Sehnsucht im Herzen
mit Erwartungen und Fragen
wage ich die ersten Schritte
aufbrechen und gehen
Neuem begegnen
die Schönheiten der Natur wahrnehmen
den Stolpersteinen ausweichen
mich vom Weg leiten lassen

Mein Ziel vor Augen
Schwierigkeiten überwinden
Versuchungen standhalten
mit Weggefährten gehen
einander zuhören und vertrauen
alleine gehen vertieft ins Schweigen
meine Seele entrümpeln
in der Stille auftanken

Mein Ziel vor Augen
etwas müde, aber zuversichtlich
bei Sonne, Wind und Regen
mit Blasen und Schmerzen
neue Kraftquellen entdecken
die wellenartigen Kornfelder im Wind
das leuchtende Mohnblumenfeld
den Blick in die Weite des Horizonts
die Stille in einer Dorfkirche
Gehe ich meinen Weg
tanke auf und komme an

Peter Müller

Beim Pilgern Weisheit kosten

Pilgern und Weisheit – was haben sie miteinander zu tun? Alle Kulturen und Religionen verfügen über sehr alte Textschätze, in denen Spuren der Weisheit deutlich zu erkennen sind. Daneben gibt es unzählige Geschichten und Sprüche, in denen über die Weisheit erzählt wird. Letztere bezeichnet man oft als Weisheitsgeschichten und Weisheitssprüche. So kleidete beispielsweise Jesus von Nazaret seine Botschaft vom Reich Gottes in Gleichnisse, eine besonders bildhafte Form von Weisheitsgeschichten, in denen wir das Wirken Gottes und uns selbst erkennen.

In der jüdischen und christlichen Tradition begegnen wir der Weisheit vor allem in zwei Büchern des Alten Testamentes. Im „Buch der Sprichwörter" (z.B. 8,12.14.17.35) tritt die Weisheit als Person stellvertretend für Gott auf. In der Tradition wurde sie als weibliche Eigenschaft Gottes gedeutet, die als schöpferische Geisteskraft an der Erschaffung der Welt beteiligt war:

Ich, die Weisheit, verweile bei der Klugheit,
ich entdecke Erkenntnis und guten Rat.
Bei mir ist Rat und Hilfe;
Ich bin die Einsicht, bei mir ist Macht.
Ich liebe alle, die mich lieben,
und wer mich sucht, der wird mich finden.
Wer mich findet, findet Leben.

Im „Buch der Weisheit" (z.B. 6,12–16) wird die Bedeutung der Weisheit für den Menschen herausgestellt:

Strahlend und unvergänglich ist die Weisheit;
wer sie liebt, erblickt sie schnell,
und wer sie sucht, findet sie.
Denen, die nach ihr verlangen,
gibt sie sich sogleich zu erkennen.
Wer sie am frühen Morgen sucht, braucht keine Mühe,
er findet sie vor seiner Tür sitzen.
Über sie nachzusinnen ist vollkommene Klugheit;
wer ihretwegen wacht, wird schnell von Sorge frei.
Sie geht selbst umher, um die zu suchen, die ihrer würdig sind;
freundlich erscheint sie ihnen auf allen Wegen
und kommt jenen entgegen, die an sie denken.

Wer möchte solcher Weisheit nicht begegnen und weise werden? Der jüdische Verfasser des „Buches der Weisheit" war hellenistisch gebildet und vertraut mit der griechischen Sprache. Die Griechen nannten die Weisheit „sophia". Für sie war zunächst derjenige weise, der das Wissen seines praktischen oder geistigen Handwerks (Rhetorik, Dichtkunst, ...) gut beherrschte. Später nannten sie den weise, der ein gutes Leben führte. Dabei kam es nicht auf viel Wissen an, sondern auf das Gespür, das Wesentliche für die Gestaltung des eigenen Lebens zu verstehen und im Alltag zu verwirklichen. Dazu ist durchaus auch ein Wissen nötig. Das deutsche Wort „wissen" kommt von „etwas gesehen haben". Der Weise hat gesehen (erfahren), wie es um ihn selbst oder andere Menschen steht. Er erkennt Zusammenhänge, sieht das Wichtige, das Wesentliche, das zu tun ist. Die Weisheit des Pilgerns zeigt sich genau darin. Pilger erfahren sich im Gehen, im weiten Abstand vom Alltag, erleben unterschiedlichste Begegnungen, wechselnde Landschaften, ihre Sinne öffnen sich für die Natur, Kultur und die Menschen am und auf dem Pilgerweg, sie denken über sich, ihr Leben und ihre Beziehung zu Gott nach und werden aufmerksam für mögliche notwendige („die Not wendende") Veränderungen.

Die Lateiner verwendeten das Wort „sapientia" für Weisheit. Es kommt von „sapere", d. h. „verkosten, schmecken". Weise ist der, der sich und sein Leben schmecken kann. Er steht nicht ständig unter Zeitdruck und hetzt nicht umher. Er hält ab und zu inne, nimmt den Augenblick wahr und verkostet, was er über seine Sinne wahrnimmt, sieht, hört, riecht, ertastet, schmeckt. Der Weise hat viele Erfahrungen gesammelt und auch den Geschmack des Guten und des Bösen gekostet. Er weiß, was ihm guttut und was ihm schadet. Das Wort „wahrnehmen" deutet es an: Der Weise gründet auf etwas Wahrem, das ihm Halt gibt und trägt. Er spürt, auf was er sich verlassen kann und ob er mit sich selbst und seiner aktuellen Lebensweise in Einklang lebt. Er erkennt, wann es nötig ist, die Hektik oder die Bequemlichkeit, die Enge oder den Druck des Alltags zu verlassen. Mit etwas Abstand dazu ist es erfahrungsgemäß leichter, sich neu zu orientieren und die kleinen verloren gegangenen Dinge bewusst auf sich wirken zu lassen: die Schönheit einer Blume am Wegesrand, das Spinnennetz im Morgentau, den Sonnenaufgang, ein romanisches Portal, die Stille in einer Kirche, schweigendes Gehen, die Zeit, die ich mir nehme, um anderen zuzuhören, ein Ritual oder Symbol. In alldem begegnet mir die Weisheit des Pilgerns auf vielfältige Weise. Ich erkenne, wie wenig ich wirklich benötige, und ich lerne, mich auf Wesentliches zu konzentrieren.

Wenn im Buch der Sprichwörter die Weisheit stellvertretend für Gott spricht, dann gilt für all die kleinen Dinge, die ich während meines Pilgerns auf Pilgerwegen sehe, höre, ertaste, rieche, tue oder erlebe: „Alle Dinge schmecken nach Gott" (Meister Eckhart). Können wir also Weisheit lernen? Dazu eine Geschichte:

Ein Mann, der viele Jahre ein hohes politisches Amt innehatte, legte es nieder, ging zu einem spirituellen Meister und wollte unterrichtet werden.

„Worin möchten Sie unterrichtet werden?", fragte der Meister.

„In Weisheit", antwortete er.

„Mein Freund, wie gerne würde ich das tun, gäbe es da nicht ein großes Hindernis."

„Welches Hindernis?"

„Weisheit kann nicht unterrichtet werden."

„Also gibt es nichts, was ich hier lernen kann?"

„Weisheit kann man lernen, aber sie kann nicht unterrichtet werden. Sie müssen sie erfahren, indem Sie weise leben."[1]

Weisheit kann man lernen. Pilgern eröffnet mir täglich neue Chancen, ihr im Pilgeralltag zu begegnen, denn sie ist in allem. Als Pilger muss ich nur aufbrechen, bewusst gehen und mit allen Sinnen offen sein für die Signale der Weisheit. Doch die Weisheit des Pilgerns überfällt mich nicht plötzlich, sie braucht Zeit, sie geht langsam, sie will wahrgenommen und verkostet werden. Dann werden die Erfahrungen mit Menschen, der Natur, mit allen Dingen und mit mir selbst zum Eingangstor der Weisheit.

Geschichten – verkleidete Weisheit

Wozu Geschichten?

„Es war einmal …", so beginnen viele Märchen. Auch bei zahlreichen Geschichten hat man den Eindruck, sie könnten mit diesem einleitenden Satz beginnen. Das gilt beispielsweise auch für viele Geschichten des indischen Jesuiten Anthony de Mello (1931–1987). Er war nicht nur ein gefragter spiritueller Begleiter, sondern auch ein Geschichtenerzähler. Seine Geschichten entnahm er den spirituellen-mystischen Erzähltraditionen der alten bekannten Religionen in Ost und West. Ob jüdische, buddhistische, christliche oder chinesische Geschichten, ob Hindu-, Sufi- oder Mönchsgeschichten, er aktualisierte und erzählte sie zu verschiedenen Anlässen. Damit tat de Mello nichts anderes als Jesus von Nazaret, an dem er als Priester sein Leben ausrichtete. Jesus war offensichtlich ein begnadeter Erzähler. Er kleidete seine Botschaft von der Liebe Gottes zu allen Menschen und vom Kommen des Gottesreiches in Gleichnisse, Geschichten und Vergleiche mit der Natur und dem jüdischen Lebensalltag. Mit seinen Erzählungen bereitete er seinen Zuhörern nicht nur Vergnügen, sondern forderte sie heraus, ihr eigenes Denken und Handeln zu überprüfen. Geschichten haben, ob alt, modern oder auf eine Situation hin verändert, einen tieferen Sinn und enthalten gelebte Lebensweisheiten. Anthony de Mello warnt daher in seiner bildhaften Sprache: „Verachtet nicht die Geschichten. Eine verlorene Geldmünze findet man mit einer billigen Kerze, die tiefere Wahrheit mit einer Geschichte." Und seine fiktive Gestalt des „Meisters", die er in vielen Geschichten sprechen lässt, mahnt uns: „Ihr müsst begreifen lernen, … dass die kürzeste Entfernung zwischen einem Menschen und der Wahrheit eine Geschichte ist"[0]. In Geschichten treffe ich auf die Weisheit. Sie möchte uns Zugänge zu den Wahrheiten des Lebens eröffnen. Die Weisheit, die Wahrheit und damit der Sinn, die Erfahrung und die Einsicht einer Geschichte begegnen mir selten offen, sondern in unterschiedlicher Art und Weise: herausfordernd und einfühlend, witzig und traurig, lehrreich und nachdenklich, hoffnungsfroh und spannend, fragend und offen für aktuelle Deutungen. In ihrer bildhaften Weise begegnen mir viele Geschichten, als wären sie geschminkt und verkleidet, so als wollten sie mich fesseln und provozieren, nicht nur innezuhalten und über mich und mein Handeln nachzudenken, sondern mich zu ermutigen: „Geh, mach den ersten Schritt, damit deine Veränderung in Gang kommt." Dazu eine jüdische Geschichte:

Die Weisheit ging mit blassem Gesicht und ganz in Grau gekleidet durch die Straßen. Kein Mensch wollte sie in sein Haus einlassen und wer ihr begegnete, flüchtete vor Angst. Eines Tages ging sie wieder, versunken in traurige und bedrückende Gedanken, durch die Straßen. Da begegnete ihr das Märchen. Es war geschmückt mit prächtigen und farbenfrohen Kleidern, die das Herz erfreuten. Da fragte das Märchen die Weisheit: „Sage mir, geehrte Freundin, warum gehst du so bedrückt durch die Straßen." Da antwortete die Weisheit: „Es geht mir sehr schlecht. Ich bin alt und kein Mensch will mich, meine Weisheiten und Wahrheiten erkennen." Da erwiderte das Märchen: „Nicht, weil du alt bist, lieben dich die Menschen nicht mehr. Auch ich und viele meiner Verwandten, die Geschichten, sind alt, doch je älter ich werde, desto mehr lieben die Menschen mich, die einen mehr, die andern weniger.

Siehe, ich will dir das Geheimnis der Menschen enthüllen: Sie lieben es, wenn man sich etwas herausputzt, ein schönes Gewand anzieht und sich ein wenig verkleidet. Ich will dir einige Kleider von mir ausleihen. Ziehe sie an und du wirst sehen, die Leute werden dich lieben."
Die Weisheit folgte diesem Vorschlag und schmückte sich mit den Kleidern des Märchens und der Geschichten. Seitdem geht die Weisheit mit dem Märchen oder mit einer Geschichte durch die Straßen und ist bei den Menschen beliebt.[2]

Ein Spiegel, sich selbst besser kennenzulernen

Es gibt nicht die eine und richtige Deutung einer Geschichte. Jeder Leser dockt mit seiner Lebenssituation und seinen Erfahrungen an anderer Stelle einer Geschichte an: ein Wort, eine Frage, eine Situation, ein inneres Bild, ein Verhalten, eine Emotion, ... und schon werden bewusste und unbewusste Erinnerungen wach und ein Deutungsprozess beginnt. Eine Geschichte ist wie ein Spiegel, der mich einlädt, mich zu betrachten und neu kennenzulernen. Viele Geschichten enthalten oft überraschende Situationen und plötzlich erscheint mir Altbekanntes in einem neuen Licht: „So habe ich das noch nie gesehen!" Und schon beginne ich zu fragen oder zu zweifeln, noch vage zeigt sich eine neue Perspektive, ich werde mutiger, Alternativen werden sichtbar und ich beginne über erste Schritte persönlicher Veränderungen nachzudenken oder sie einzuüben. Geschichten laden ein, sich neu kennenzulernen.

Sinnsprüche – verdichtete Lebensweisheiten

Vom Sinn der Sinnsprüche

Immer wieder treffe ich Menschen, die Sinnsprüche sammeln. Mittlerweile besitze auch ich eine umfangreiche Spruchsammlung mit „Lebensweisheiten". Sie unterscheiden sich in der Form, z.B. als Redewendung, Sprichwort, Ratschlag, Segensspruch, intuitiver Gedanke, ... In mehr oder weniger eingängigen Formulierungen beziehen sie sich auf den Sinn, den Weg, die Abschnitte und Wendepunkte menschlichen Lebens, die Beziehungen untereinander, zur Natur und zu Gott. Viele Sinnsprüche stammen aus den heiligen Büchern der Religionen und ihren mystischen Traditionen, aus volkstümlichen und literarischen Überlieferungen verschiedener Kulturkreise, aus Sachbüchern und der Literatur unserer Zeit. Gleiches gilt auch für die Flut von Spruchsammlungen, die uns heute z.B. in Jahreskalendern oder in thematischen Aufstellbüchern angeboten werden.

Warum sind heute Sinnsprüche so beliebt? Ein Sinnspruch „ist ein kurzer Satz, der sich auf eine lange Erfahrung gründet" (Miguel Cervantes) und eine Lebensweisheit, einen Wertmaßstab oder eine Lebensregel prägnant ausdrückt. Ich fühle mich von seiner Botschaft angesprochen oder denke, z.B. bei einem Spruch auf einer Geburtstagskarte: der ist passend für diese Person, darüber wird sie sich freuen, er wird sie ermutigen, erheitern, ... Oder wenn ich eine Trauerkarte wähle: der wird sie trösten, meine Anteilnahme zeigen, ... In Sinnsprüchen verdichten sich Lebenserfahrungen, z.B. „Geteiltes Leid ist halbes Leid. Geteilte Freude ist doppelte Freude"; oder: „Man kann dir den Weg nur weisen, gehen musst du ihn selbst" (Bruce

Lee); oder: „Ich kann die Welt nicht verändern, aber einen einzelnen Menschen: mich selbst" (Karlheinz Böhm); oder: „Der Klügere gibt nach". Schon diese kleine Auswahl zeigt die thematische Vielfalt und die Grenzen eines Sinnspruches, aber auch wie wichtig es ist, in welcher Situation und Gefühlslage ich einem Sinnspruch begegne oder ihn verwende. Der eine spricht mich an und fordert mich heraus, über ihn nachzudenken, verliert aber im Trubel des Alltags seine Bedeutung, ein anderer erscheint mir zu allgemein oder er passt nicht zur aktuellen Situation oder zu meiner inneren Stimmung, der nächste Spruch trifft mich ins Innerste, wird zu meinem Begleiter und entfaltet, immer wenn ich an ihn denke, erneut seine heilenden Kräfte. Daher sollte man nicht über Sinnsprüche diskutieren, sondern sich ihnen stellen.

Von Lebenserfahrungen lernen

„Der Weise lernt von den Erfahrungen anderer, der Tor muss die Erfahrungen selbst machen" (Salomo). In einem treffenden Sinnspruch steckt viel Lebenserfahrung, oft entstanden, verändert und tradiert über viele Generationen, und damit viel Weisheit. Wer diese Weisheit für sich entdeckt, spürt: Das stimmt für mich, das ermutigt mich. Aber auch: Das erlebe ich anders, darüber will ich nachdenken, … Daher bezeichnet man sie auch als „Weisheitssprüche". Sie kosten nichts und sind rezeptfrei. Sie laden mich ein, ja fordern mich geradezu heraus, mein Leben aus einer neuen Perspektive zu betrachten. Doch dazu muss ich mich öffnen und bereit sein.

Die christlichen Mönche im 4.–5. Jahrhundert erkannten sehr früh die heilenden Kräfte von guten Sinnsprüchen für ihre Seele und Sehnsucht nach Gott. Ihre Quellen waren zum einen die jüdischen Psalmen, Weisheitssprüche und die Worte Jesu im Neuen Testament und zum anderen ihre eigenen Lebenserfahrungen in der Wüste, die sie in kurzen treffenden Worten bei der spirituellen Begleitung von ratsuchenden Menschen oder jungen Mönchen verwendeten. Anselm Grün fasst das kurz zusammen: „Die Worte der Altväter [das sind Mönche, die andere geistlich begleiten, PM] atmen Weisheit und Milde. Da wird nicht moralisiert, ... die Mönche sehen die Gefährdungen des Menschen, aber trotzdem sind sie voller Optimismus. Sie glauben daran, dass wir nicht einfach dazu verdammt sind, unsere Vergangenheit zu wiederholen oder unser Leben lang an den Verletzungen zu leiden. Wir können an uns arbeiten, wir können unsere Vergangenheit loslassen und uns auf den Weg zu Gott machen."[3]

In diesem Wegbegleiter findest du an verschiedenen Stellen Sinnsprüche: Zunächst ist jeder Geschichte ein Sinnspruch zugeordnet, dann gibt es aus Seite 39–40 eine Auswahl an „Weg-Worten", das sind Sinnsprüche zum Thema Weg und Unterwegssein, einige Psalmverse, und schließlich begegnest du im fortlaufenden Text dieses Pilgerbegleiters immer wieder einzelnen Sinnsprüchen. Lass dich davon anregen. Wie du sie gewinnbringend für dein Pilgern nutzen kannst, wird auf S. 38f. beschrieben.

Pilgern –
Auf den Spuren
der Weisheit

Spuren erzählen vom Leben

Unterwegs sehe ich vor mir Spuren der Pilger, die vor mir den Weg gegangen sind. Einige sind gut erkennbar auf feuchtem Grund, andere im tiefen Waldboden, die nächsten auf schmalem Pfad im feinen Sandstaub. Ich sehe individuelle Muster, klare Profile, abgetretene Sohlen, ...

Was wäre, wenn diese Spuren erzählen könnten? Sie könnten erzählen von den Sorgen und Hoffnungen der Pilger, die hier vorbeizogen, von schweren Rucksäcken und inneren Belastungen, von müden Beinen, schmerzenden Blasen und körperlichen Grenzen, von zuhörenden Begleitern, offenen Worten, schweigendem Gehen, befreiendem Lachen, von Hitze und Regen, ...

Ich frage mich: Was würde ich erzählen? Welche Spuren hinterlasse ich hier? Welche auf meinem Lebensweg? Doch auch meine Spuren hier sind vergänglich, durch Wind, Regen oder ... So erinnern mich die Spuren derer, denen ich folge, an mein Pilgererleben und meine Vergänglichkeit, aber auch an die Spuren, die ich hier als Pilger und in meinem Leben hinterlasse.

Doch wie ist es mit den Spuren der Weisheit? Wie kann ich sie entdecken? Die folgenden zehn Wegweiser wollen dich zunächst dazu anregen, achtsam zu pilgern, um so eingestimmt die Spuren der Weisheit in Geschichten und Sinnsprüchen, in Natur und Kultur, in Begegnungen mit Menschen und Gott und in dir selbst zu suchen und zu finden.

Das Wichtigste im Leben sind Spuren der Liebe,
die wir hinterlassen.
Albert Schweitzer

Zehn Wegweiser für den Pilgeralltag

1. Wozu Pilgern? – Nimm deine Sehnsucht wahr, spüre ihr nach, entscheide dich und vertraue darauf, „wer aufbricht, kommt auch heim".
2. Es ist ein gutes Gefühl, mit wenig auszukommen. Nimm nur das Nötigste mit und beschränke deinen Kontakt nach Hause auf das Wesentliche.
3. Achte unterwegs auf die Signale deines Körpers und deiner Seele und handle danach.
4. Sei mit allen Sinnen unterwegs und offen für die oft unscheinbaren Blumen am Wegrand, die Schönheit der Schöpfung, die Kultur entlang des Weges und die Menschen, denen du begegnest.
5. Lasse los und befreie dich von allem, was dich belastet und dir Sorgen bereitet. Lerne, dich über einfache Dinge dankbar zu freuen.
6. Finde deinen Geh- und Tagesrhythmus, in dem tägliche Oasenzeiten, Begegnungen und spirituelle Impulse ihren Platz haben.
7. Nimm dir täglich Zeit, alleine zu gehen. Entdecke, was dir guttut: gehen, schweigen, ruhen, besichtigen, beten, reden, schreiben, …
8. Zum Pilgern gehört das Mühsame: Berge, Regen, Hitze, Blasen, Müdigkeit, … und die Begegnung mit schwankenden Stimmungen und den eigenen Grenzen. Nimm sie achtsam wahr, geh und vertraue, auch das hat einen Sinn. Du wirst ihn entdecken.
9. Brich auf mit dem Pilgersegen und gehe im Namen Gottes. Wenn du damit Schwierigkeiten hast, lasse dich nicht von alten Verletzungen oder Vorurteilen

bestimmen. Gib dir selbst und Gott eine Chance, miteinander zu reden.

10. Aufbrechen, Unterwegssein und Ankommen schenken dir wichtige Erlebnisse und Erfahrungen. Bewahre sie und lebe das, was dir guttut und deinem Leben Sinn gibt.

Der eigentliche Pilgerweg ist der Alltag des Lebens.

Peter Müller

Das Leben ist ein Pilgerweg

Das Leben ist ein Weg von unserer Geburt bis zum Tod. Im Wort „Weg" steckt „bewegen". Wir sprechen auch von einem „bewegten Leben". Ständig bin ich zeitlich und räumlich, äußerlich und innerlich in Bewegung, ich bin unterwegs. Der Weg ist ein uraltes Symbol, das wir in vielen Religionen finden. Die frühen Christen benutzten das Wegsymbol sogar als Selbstbezeichnung und nannten sich „Anhänger des (neuen) Weges" (Apg 9,2 u.a.). Das Pilgern auf dem Jakobusweg ist für Christen eine mögliche Ausdrucksweise, Unterwegssein körperlich und geistig, seelisch und spirituell zu erleben und dem eigenen Lebensweg nachzuspüren. Denn der „Weg" als Metapher für unser Leben umfasst alles, was uns bewegt und bedrängt, begegnet und geschieht, was wir erkunden und erleiden, anstreben und erreichen, festhalten und loslassen, zulassen und verändern. Mit Geist, Leib und Seele sind wir als Menschen auf Pilgerwegen und im Alltag des Lebens unterwegs und suchen in den verschiedenen Lebensphasen auf unsere Art und Weise nach Sinn in unserem Leben. Das gelingt umso besser, je mehr wir uns öffnen für die Signale der Weisheit. Pilgern wird dann zu einer heilsamen Übungs- und Erfahrungszeit für den Pilgerweg meines Lebens.

Auf dem Weg sein

Beim Pilgern sind wir ständig unterwegs. Die Erfahrungen, die wir unterwegs sammeln, sind sehr vielfältig. Sie alle tragen dazu bei, Spuren der Weisheit zu entdecken und sie als Energiequelle für unser Leben zu nutzen. Einige wenige Erfahrungen will ich hier aufzeigen bzw. an sie erinnern.

➢ Ich erlebe mich zunächst in einer „**Übergangssituation**",
d.h. zwischen dem Ausgangsort und dem Ziel, zwischen
Abschiednehmen, Aufbrechen und Ankommen. Dazwischen
bin ich in Bewegung, verweile hier oder dort, begegne anderen, sammle Erfahrungen, muss mich orientieren, stoße an
Grenzen. War der Start noch sehr wichtig, so gewinne ich
nun räumlich und innerlich immer mehr Abstand vom Alltag. Ich bin unterwegs in einer unbekannten Landschaft,
meine Sinne werden aufmerksamer, der Abstand zu daheim
wird größer, die Gedanken daran weniger, ... und ich
erkenne: Ich kann loslassen. Anderes rückt immer stärker
ins Zentrum meines Unterwegsseins: der Weg, seine
Beschaffenheit und Wegweiser, das Wetter und die Unter-
kunft, Zeit haben und Begegnungen, vor allem aber ich
selbst mit allen körperlichen und psychischen Erlebnissen.
Ich bin herausgefordert, auf die Spuren der Weisheit des
Pilgerns zu achten, indem ich z.B. frage: Was tue ich mir
hier an? Wozu gehe ich diesen Weg? Was tut mir hier gut?
Warum habe ich dieses Gefühl nicht im Alltag?

➢ Da begegne ich **Neuem**, das mich herausfordert, Veränderung zu wagen. „Bewegen" und „wägen" entstammen
der gleichen sprachlichen Wurzel. Wer sich auf den Weg
begeben will, der wägt vorher das Für und Wider ab und
wagt es aufzubrechen. Das gilt für mein Unterwegssein
hier und im Lebensalltag. Immer wieder muss ich mich –
wie beim Pilgern – aus alten Gewohnheiten und Sicherheiten herauswagen und mich auf Unbekanntes und Un-
sicherheiten einlassen. Im Unterwegssein wage und
erprobe ich so auch meine Veränderung. Die Weisheit des
Pilgerns ermutigt mich dazu.

➢ Ich achte auf Wegweiser, komme an **Wegkreuzungen**,
muss mich orientieren und entscheiden: Welchen Weg

gehe ich? Manchmal gibt es Weg-Alternativen, aber auch vorgegebene, ausgetretene oder zugewachsene Wege. Es gilt, Berge zu besteigen und die Aussicht zu genießen, doch auch das Mühsame bleibt nicht aus: Blasen am Fuß, das Knie schmerzt, Durst und Hitze schlauchen mich, vom Regen durchnässt wird mein Durchhaltevermögen strapaziert, psychische Täler sind zu durchschreiten. Ich erlebe unterschiedliche Gefühlsstimmungen und stoße an meine Belastungsgrenze. Doch gleichzeitig lockert die ständige Bewegung meine körperlich-seelischen Spannungen, ich werde ruhiger, werfe manch inneren Müll ab und laufe mich frei. Ich werde geistig beweglicher, staune, mit wie wenig ich auskomme, denke über Dinge nach, mit denen ich mich viele Jahre nicht beschäftigt oder sie gar abgelehnt habe, ich entdecke neue Fähigkeiten und Interessen, erkenne aber meine Grenzen und werde offener für spirituelle Fragen. Wird Pilgern so zu meinem inneren Reinigungsprozess? Auch diese kleinen, oft kaum wahrgenommenen körperlichen und seelischen Empfindungen sind Auswirkungen der Weisheit des Pilgerns. Ich erlebe mich auf neue ungewohnte Weise und frage mich: Was könnte das für meine Lebensgestaltung bedeuten?

➤ Da begegne ich anderen **Menschen**, unsere Wege kreuzen sich, ich halte an, wir gehen miteinander, verändern unseren Gehrhythmus, erzählen einander und spüren unser Anderssein, sind neugierig und gleichzeitig ängstlich, zurückhaltend oder offen, entdecken Verbindendes und Trennendes, … In der Begegnung überbrücken wir den Abstand zueinander. Auch wenn wir die Distanz nicht ganz zum Schwinden bringen, öffnen wir einen neuen Spielraum des gegenseitigen Zutrauens. Ich nehme am Leben des anderen teil und lasse ihn an meinem Leben teilhaben, ich gebe und darf empfangen, ich spüre, was mich und ihn bewegt. Begegnungen sind ein Wagnis. Ob sie gelingen, das hängt zunächst davon ab, mit welchen Erfahrungen, Befürchtungen und Hoffnungen beide in eine Begegnung hineingehen, wem wir begegnen und was in der Begegnung geschieht. Es liegt oft an mir selbst, ob ich bereit und mutig bin, mich offen auf Begegnungen einzulassen, denn „alles wirkliche Leben ist Begegnung" (Martin Buber). Unterwegs kann ich diese Weisheit des Pilgerns täglich erfahren.

➤ Da gibt es **Orte zum Innehalten**. Die Rast am Weg, die Ruhe in einer Kirche, Kapelle oder an einer Quelle, in einem Museum oder am Brunnen auf dem Dorfplatz, vor einem Bauwerk oder auf einem Rastplatz, ... Alles hilft mir, neue Kräfte zu sammeln, müde oder wund gelaufene Füße zu pflegen und mich für die weitere Wegstrecke zu stärken. Ich erlebe solche Orte auch als Einladung, mein kulturelles Interesse zu befriedigen oder meinen spirituellen Bedürfnissen nachzugehen, mich einer Landschaft, einer Kirche, fremden Kulturen oder Menschen zu öffnen und mich von ihrer Lebensweisheit oder steinernen Botschaft, z.B. eines romanischen Portals, anregen zu lassen. Unterwegs werde ich sensibler und empfänglicher für neue Gedanken und Interessen, aber auch für meine Fragen, Träume und bisherige Fehler.

➤ Da gehe ich öfter auch **allein**. Ich brauche solche Phasen des Schweigens und des Alleine-Gehens. Zeiten, in denen ich Schritte, Atem, Herzschlag und Lauftempo in einen meditativen Rhythmus bringe (vgl. Anregungen S. 115ff.). Dabei lösen sich manche meiner Blockaden, mein Geist wird freier und ich ruhiger. Gehen und Meditation fließen ineinander, mein Alltag ist weit weg und ich bin bei mir.

Oft erinnere ich mich daran, dass ich auf den Spuren
derjenigen gehe, die vor Jahren oder gar vor Jahrhunder-
ten diesen Weg gesucht haben und mit ihren Anliegen
gegangen sind.

➤ *Da gibt es* **Etappenziele**. *Ich habe eine Strecke zurückge-*
legt, ein Tages- oder Etappenziel erreicht. Für Pilger auf
Jakobuswegen sind das oft heilige Orte. Verweisen sie
doch, z.B. durch die Darstellungen einer biblischen Szene
aus dem Leben von Jakobus dem Älteren oder einer späte-
ren Legende mit der Darstellung von Jakobus als Pilger
(mit Hut, Stab, Tasche, Kalebasse, Muschel) u.a.m., auf
das äußere Pilgerziel Santiago de Compostela. Solche Orte
und Etappenziele sind Durchgangsstationen und Erfah-
rungsquellen, um aufmerksam den religiös-traditionellen
Spuren der Weisheit des Pilgerns nachzuspüren.

Mich den existentiellen Fragen stellen

Das Wort „Weg" ist sprachlich mit „Sinn" verwandt. Sich
nach etwas auf den Weg machen heißt: auf etwas sinnen,
seinen Sinn ergehen, ihn erfahren. Das Leben ist ein Weg:
Die Metapher lädt dazu ein, uns aus erstarrtem Denken
und Verhalten herauszuwagen, uns bewegen zu lassen
und zu fragen nach dem Sinn unserer Existenz. So wie der
junge Mann in der folgenden Geschichte:

„*Ein junger Mann kam zum Meister und fragte: ‚Herr ich*
weiß nicht, wer ich bin? Mein Vater nennt mich einen Faulpelz,
meine Mutter einen Engel, meine Freunde einen Hallodri und
meine Lehrer nennen mich sehr begabt. Herr, wer bin ich?'
Der Meister antwortete: ‚Mein Sohn, die Raupe ist für den
Vogel ein Futter, für die Pflanze ein Feind und für den Men-
schen ein Schädling. Nur die Raupe weiß, dass sie ein werden-
der Schmetterling ist.'"

Wer bin ich? Dieser existenziellen Frage kann ich auf Pilgerwegen und im Alltag auf Dauer nicht ausweichen. Im Gegenteil, es kommen weitere hinzu: Woher komme ich? Wozu lebe ich? Was trägt mich in meinem Leben? Wohin gehe ich? Wer ist für mich Gott? Kann ich an ihn glauben? Was gibt meinem Leben Sinn? Auf diese Fragen gibt es keine einfachen Antworten, aber sie führen uns hinein in das Geheimnis unseres Daseins. Wir sind es in der Regel nicht gewohnt, uns solche Fragen zu stellen, doch sie sind – in jeder Altersphase unterschiedlich – wichtig. Unsere Antworten bestimmen unsere Lebensgestaltung. Der spirituelle Begleiter Henri Nouwen fordert uns daher auf:

„Zögere nicht, sie zu stellen. Scheue dich nicht, dich auf sie einzulassen. Kneife nicht davor, mit ihnen zu leben. Mach dir keine Sorgen, wenn dir nicht unverzüglich eine Antwort darauf kommt" ... oder *„die Sinnsuche ... frustrierend oder zuweilen schmerzlich sein"* wird.[5]

Für die Suche nach Antworten auf solche Fragen benötigen wir Zeit und Raum, aber auch Geduld, Bereitschaft und Offenheit, um uns darauf einzulassen. Pilgern als Unterwegssein auf den Spuren der Weisheit schenkt uns dafür die Zeit, den Raum und die Ruhe, uns mit unseren persönlichen Fragen auseinanderzusetzen. Das kann zunächst beginnen mit persönlichen Inventurfragen wie z.B.: Was finde ich gut in meinem Leben? Was gefällt mir an mir? Mit was in meinem Leben bin ich unzufrieden? Mit welchen Menschen in meinem Leben bin ich glücklich, mit welchen habe ich Schwierigkeiten? Warum? In welchen Bereichen meines Lebens müsste ich etwas ändern? ... Die Fragen reichen bis zu den oben genannten existenziellen Fragen.

Sei daher als achtsamer Sucher unterwegs, denn Pilgern ist Chance und heilsame Einübungszeit, sich mit deinen Lebensfragen auseinanderzusetzen, (Teil-)Antworten zu entdecken, die Mühe des Suchens auszuhalten und, wenn etwas misslingt, erneut aufzustehen und das eine oder andere in kleinen Schritten zu erproben. Das Leben ist ein Pilgerweg und seine Weisheit gibt immer wieder überraschende Antworten. Dazu folgende Erzählung aus der christlichen Mönchstradition des 4./5. Jahrhunderts (bearbeitet von PM).

Wo Himmel und Erde sich berühren

Zwei Mönche lebten schon viele Jahre in einem Kloster. Beten und Arbeiten, die heiligen Schriften und die Mönchsgemeinschaft bestimmten ihren Alltag. Eines Tages lasen sie miteinander in einem alten Buch, am Ende der Welt gäbe es einen Ort, an dem Himmel und Erde sich berühren. Der Gedanke daran ließ sie nicht mehr los. Eines Tages beschlossen sie, diesen Ort zu suchen und nicht umzukehren, ehe sie ihn gefunden hätten. Sie brachen auf, durchwanderten die Welt, bestanden unzählige Gefahren, erlitten alle Entbehrungen, die eine Wanderung durch die ganze Welt fordert, und alle Versuchungen, die einen Menschen vom Ziel abbringen können. Eine Tür sei dort, so hatten sie in dem alten Buch gelesen, man brauche nur anzuklopfen und befinde sich bei Gott. Nach langem Suchen fanden sie schließlich, was sie suchten. Sie klopften an die Tür, bebenden Herzens sahen sie, wie sie sich öffnete, und als sie eintraten, standen sie zu Hause in ihrer Klosterzelle. Da begriffen sie: Der Ort, an dem Himmel und Erde sich berühren, befindet sich auf dieser Erde, an der Stelle, die Gott uns zugewiesen hat.

Aus der christlichen Mönchstradition (4./5. Jh.)

In dieser Geschichte begegne ich den wichtigsten Schritten des Pilgerns:

➤ *Das Leben der zwei Mönche wurde bestimmt von den Ritualen des Klosters. Das gab ihrem Leben Struktur und Sicherheit, doch sie bewahrten zugleich eine gewisse Offenheit und Neugierde. Sie lesen in einem alten Buch. Man könnte meinen, sie spüren in sich eine innere Unruhe. Vielleicht fragen sie sich, so wie auch heute viele Menschen: „Das kann noch nicht alles gewesen sein, oder?" Und sie entdecken für sich eine mögliche Antwort.*

➤ *Die weckt in ihnen die Sehnsucht nach diesem Ort, an dem sich der Himmel (ein Bild für Gott) und die Erde (ein Bild für den Menschen) verbinden. Sie beschließen, diesen Ort zu suchen. Sie haben ein Ziel.*

➤ *Sie brechen auf, verlassen die vertraute Heimat des Klosters und machen sich auf den Weg. Sie werden Pilger.*

➤ *Sie pilgern durch die ganze Welt. „Ganz", d.h. sie sind nicht nur auf äußeren Wegen unterwegs, sondern als Menschen mit Leib, Geist und Seele auch auf einem inneren Weg zu sich selbst. Dafür brauchen sie Zeit. Sie sind äußeren und inneren Herausforderungen und Entbehrungen ausgesetzt und sammeln vielfältige Erfahrungen.*

➤ *Ergriffen und gespannt („bebenden Herzens") kommen sie an und finden eine unerwartete Antwort.*

➤ *Sie erkennen, ihr Weg ist nicht zu Ende. Er geht weiter an dem gesuchten und gefundenen Ort, im Alltag ihres Klosters und ihrer Zelle. Sie sind auf dem Pilgerweg ihres Lebens.*

➤ *Damit erleben die Mönche drei grundlegende Phasen des Pilgerns, wie sie sich, ausgehend vom lateinischen Wort „peregrinatio", über Jahrhunderte bis zur Bezeichnung der*

„peregrini", als Pilgern auf Jakobuswegen nach Santiago de Compostela, entwickelt haben:

1 Im gewohnten Alltag begegnen wir einer Idee, Frage oder Herausforderung. Sie weckt in uns eine Sehnsucht auf ein Ziel hin, die uns nicht mehr loslässt und schließlich zur Entscheidung führt, aufzubrechen und zu gehen.

2 Dem schließt sich ein zeitlich langes Unterwegssein an mit zahlreichen äußeren und inneren Begegnungen, mit bereichernden Erlebnissen, aber auch Herausforderungen, Mühsamem, Entbehrungen, Anfechtungen und Enttäuschungen.

3 Schließlich kommen wir am Ziel an und kehren mit vielen neuen Erfahrungen heim in den Alltag des Lebens.

An diesen drei Phasen des Pilgerns orientiert sich auch die folgende Sammlung von Weisheitsgeschichten mit entsprechendem Sinnspruch. Wie schon erwähnt, bist du eingeladen, dich täglich mit einer Geschichte oder einem Sinnspruch und dem, was sie dir sagen wollen, zu beschäftigen. In den beiden „Heilsamen Unterbrechungen" findest du bei der ersten Unterbrechung meditative Texte und Gebete (S. 57 bis S. 66) und in der zweiten meditativ-spirituelle Impulse für Körper, Geist und Seele (S. 113 bis S. 119). Sie wollen dich anregen, achtsam den Spuren der Weisheit auf deinem Pilgerweg zu folgen.

Warte nicht,
bis ein anderer
dir den Weg zeigt,
beginne bei dir selbst.
Roger Schutz

Mit Sinnsprüchen/Weg-Worten pilgern

Wie kann ich mit Sinnsprüchen pilgern?

Du bist eingeladen, morgens dein Pilgern mit einem Sinnspruch zu beginnen oder tagsüber nach einer Pause damit die nächste Wegstrecke zu gehen. Nimm einen Spruch, lies ihn und brich schweigend auf. Wähle nicht lange aus, sondern nimm einfach einen Spruch, der dir jetzt zufällt. Suche keine intellektuelle Begründung für deine Entscheidung, auch wenn dein Verstand zunächst abweisend reagiert und dir innerlich zuruft: „Das passt nicht für mich" oder „Damit kann ich nichts anfangen". Vertraue deinem Gefühl oder dem „Zufall", denn oft ist es gerade bei „logischen Widerständen" wichtig, für die widerständige Lebensweisheit offen zu sein und ihr nachzuspüren.

Beginne, langsam zu gehen und bewusst zu atmen. Achte auf beides, gehen und atmen, finde deinen Gehrhythmus (vgl. auch Übung „Schweigend gehen und meditieren", S. 115). Dann lies den Spruch und frage dich: Was hat dieser Spruch mit mir und meinem Leben zu tun? Wodurch spricht er mich an? Was möchte er mir sagen? Spüre ich Widerstände? Welche? Beginne nach einer gewissen Zeit, deinen Spruch in Gedanken oder leise vor dich hinzusprechen. Versuche bei diesem „Wiederkauen" des Spruchs, in ihn hineinzugehen. Beobachte deine Gedanken und Gefühle, ohne sie zu bewerten. Je länger dieses „Wiederkauen" gelingt, umso deutlicher begegnen dir Spuren der Lebensweisheit in ihm. Wenn deine Gedanken abschweifen, hole sie wieder zurück, indem du auf die Worte des Spruchs achtest. Am Ende dieser Übung nimm dir Zeit, deine persönlichen Beobachtungen, Gedanken und Empfindungen in dein Tagebuch zu schreiben.

Du kannst diese Übung täglich mit einer anderen Spruch-weisheit wiederholen. Wenn du in einer organisierten Pilgergruppe unterwegs bist, kannst du, nach der Schweigephase, die Gedanken und Gefühle zu deinem Spruch in eine Gruppenrunde einbringen. Aus solchen Gesprächen über Lebensweisheiten schöpfen wir neue Energie für unser Unterwegssein auf Pilgerwegen und im Alltag. Dazu hier eine kleine Sammlung von „Weg-Worten" aus der Bibel und anderen Quellen. Auch bei den Geschichten findest du jeweils einen Weisheitsspruch.

„Weg-Worte" aus der Bibel

Muss ich auch wandern in finsterer Schlucht,
ich fürchte kein Unheil.
Psalm 23,4

Du zeigst mir den Weg zum Leben.
Vor deinem Angesicht herrscht Freude in Fülle,
zu deiner Rechten Wonne für alle Zeit.
Psalm 16,11

Der Herr ist mit mir. Ich fürchte mich nicht.
Was können Menschen mir antun.
Psalm 118,6

Dein Wort ist meinem Fuße Leuchte,
ein Licht für meine Pfade.
Psalm 119,105

Allen, die auf dich hören, Herr, bahnst du einen geraden Weg:
der Pfad, auf dem sie gehen, führt dich geradeaus zum Ziel.
Jesaja 26,7

Wer aufrichtig seinen Weg geht, geht sicher.

Sprichwörter 10.9a

„Weg-Worte" aus anderen Quellen

Besser auf neuen Wegen etwas zu stolpern,
als auf alten Wegen auf der Stelle zu treten.

Volksweisheit aus China

Der einzige Weg, die äußeren Dinge zu ändern,
ist es, die inneren Dinge zu ändern.

Brian Tracy

Wenn der Weg unendlich scheint und plötzlich nichts mehr
gehen will, wie du es wünschst –
gerade dann darfst du nicht zaudern.

Dag Hammarskjöld

Wer seinen eigenen Weg geht, dem wachsen Flügel.

Volksweisheit

Wege, die in die Zukunft führen, liegen nie vor uns.
Sie werden erst zu Wegen, wenn wir sie gehen.

Franz Kafka

Niemand kann den Weg gehen,
wenn sein Herz eng zusammengeschrumpft ist.
Mag der Weg auch eng sein, dein Herz sei weit.

Bischof Ambrosius von Mailand[6]

Entweder wir finden den Weg oder wir schaffen einen.

Hannibal

Der Langsame sieht mehr.

Sten Nadolny

Mit Geschichten pilgern

Geschichten schenken menschliche Erfahrungen und Weisheiten. Geschichten moralisieren nicht, aber sie können uns trösten, ermutigen und neue Kräfte wecken, vor allem aber regen sie an, über ihre Weisheit und deren Bedeutung für mich nachzusinnen (vgl. dazu S. 23).

Wie kann man mit Geschichten pilgern? Bevor ich dir dazu Tipps vorstelle, vorweg drei wichtige Hinweise:

1   *Du kannst eine Geschichte lesen und am nächsten Tag eine andere. Auf diese Weise wird das zu einer netten Lektüre, aber leider auch nicht mehr.*
2   *Die Geschichten werden hier nicht erklärt, denn die Deutung ändert sich mit jedem Leser, seiner Lebenserfahrung und momentanen Gefühlslage.*
3   *Hüte dich, die Geschichten auf jemand anderen zu beziehen. Alle Geschichten handeln von dir selbst, wer immer sie dir erzählt.*[7]

Praktische Tipps

➤ *Ich nehme mir Zeit und lese, als Morgenimpuls oder nach einer Rast vor dem Start in die nächste Wegstrecke, eine Geschichte 2- bis 3-mal, langsam und aufmerksam. Dann breche ich auf, gehe schweigend, achte auf meinen Atem- und Gehrhythmus (vgl. Übung S. 115f.), denke an die Geschichte und lasse sie wirken: Was hat sie mit mir zu tun? Wer bin ich in dieser Geschichte? Was möchte sie mir sagen? Was mache ich mit dieser Erkenntnis? ...*
➤ *Ich lege eine Pilgerpause ein und lese ganz bewusst die Geschichte nochmals vor dem Hintergrund meiner Gedan-*

ken und Gefühle. *In der Stille und im Weitergehen lasse ich sie in mir wirken.*

➤ Wenn ich in einer Gruppe pilgere oder mit einem mir vertrauten Pilger, dann bietet es sich an, untereinander Erfahrungen und Gedanken zur Geschichte auszutauschen.

➤ Bevor ich den Tag beende, lese ich die Geschichte nochmals und notiere mir die wichtigsten Gedanken, Gefühle und Ideen, insofern ich das tagsüber noch nicht getan habe (siehe dafür den Platz für eigene Notizen neben jeder Geschichte in diesem Buch).

Aufbrechen –
die Sehnsucht
bekommt Füße

Erfahrungen von Pilgern[8]

Ich gehe pilgern. Voller Erwartungen, aber auch etwas unsicher, breche ich auf. Ich lasse mich auf unbekannte Erlebnisse, Überraschungen, Begegnungen und neue Erfahrungen ein.

Ich bin aufgebrochen mit meinem seelischen Alltagsgepäck. Auf dem Camino konnte ich vieles loslassen, fallen lassen, liegen lassen. Nun kehre ich erleichtert und befreiter zurück. (Erika)

Warum gehst du pilgern? Ich konnte diese Frage nicht beantworten. Es gab keinen konkreten Anlass und keine Lebenskrise, nur der Wunsch: Ich möchte diesen Weg kennenlernen. Aber jetzt weiß ich: Pilgern ist das Leben im Zeitraffer mit Höhen und Tiefen, Fragen und Zweifeln, Sorgen und Leichtigkeit, Alleinsein und Gemeinschaft, ... Der Weg gab mir, was ich brauchte ... (Marion)

Pilgern auf dem Camino gehört zu den intensivsten Erfahrungen meines Lebens. (Richard)

Ich bin mit einer Freundin aufgebrochen. Doch dann merkte ich, ich muss alleine gehen. ... Ich brauchte Zeit für die Natur und Kultur, für mein Schweigen und Gespräche mit Pilgern und Gott. Ich spürte, der Weg macht etwas mit mir. (Helga)

Wenn du daran glaubst, dass du es kannst, dann wird dir der Weg gelingen! (Wolfgang)

Pilgersegen – Du Gott des Aufbruchs

Du Gott des Aufbruchs
segne mich
wenn dein Geist mich bewegt
und meine Sehnsucht mich drängt
zu Aufbruch und Neubeginn

Du Gott des Aufbruchs
begleite und behüte mich
wenn ich festgetretene Wege verlasse
wenn ich mich von Gewohnheiten verabschiede
wenn ich aus Abhängigkeiten entfliehe
und neue Wege gehe

Du Gott des Aufbruchs
wende mir dein Angesicht zu
wenn ich Umwege und Irrwege nicht erkenne
wenn Angst mich befällt
wenn ich Orientierung suche
in den Stürmen der Unsicherheit

Du Gott des Aufbruchs
leuchte auf meinem Weg
wenn Ratlosigkeit mich fesselt
wenn ich fremdes Land betrete
wenn ich Schutz suche bei dir
wenn ich neue Schritte wage
auf meiner Reise nach innen

Du Gott des Aufbruchs
sei mit mir unterwegs
zu mir selbst
zu den Menschen
zu dir

Peter Müller

Weisheitsgeschichten und Sinnsprüche

Vom Traum, der Wirklichkeit werden wollte

Es war einmal ein Mann, der hatte einen Traum. Immer wieder träumte er davon, doch je mehr Zeit verging, in der er seinen Traum nicht verwirklichte, umso wehmütiger dachte er an ihn. Der Traum selbst hatte sich riesig gefreut, als er von dem Mann erdacht wurde. Nach jeder Wiederholung war er ganz aufgeregt, denn er hoffte, verwirklicht zu werden. Doch bald erkannte der Traum, dass der Mann zwar viel an ihn dachte, aber nie wirklich etwas dafür tat, ihn zu realisieren. Darüber war er sehr traurig, denn er wollte wirklich leben.

So begann der Traum dem Mann zu helfen, so gut er konnte. Immer wenn der Mann ihn wieder träumte oder an ihn dachte, zeigte er in wunderbaren Bildern und leuchtenden Farben auf, wie er ihn verwirklichen könnte. Sobald der Mann mit Freunden über seinen Traum sprach, unterstützte er diese mit immer wieder neuen Ideen, um seinen Traum zu verwirklichen. Sie wiesen auf günstige Gelegenheiten hin und geizten auch nicht mit der Mahnung, es könnte ja irgendwann auch zu spät sein, den Traum zu leben. Doch nichts geschah.

So wurde es dem Traum eines Tages zu dumm. Er verließ den Mann. Er suchte und fand einen anderen Menschen, der ihn träumte, verwirklichte und glücklich mit ihm lebte.

Peter Müller[9]

Meine Gedanken

Es kommt die Zeit,
da wirst du spüren,
dass du dich selbst erkennen,
deine eigenen Wege gehen
und deine eigenen Träume leben musst.

SERGIO BAMBAREN

Gönne dich dir selbst, geh pilgern!

Im 12. Jahrhundert beklagte sich Papst Eugen III. bei seinem ehemaligen Lehrer, dem Mönch Bernhard von Clairvaux (1090–1153), dass er vor lauter Beschäftigung, Bittstellern, Anträgen und Terminen nur noch von außen bestimmt werde und nicht zur inneren Ruhe komme. Der Mönch antwortet in einem Brief:

„Ich fürchte, dass du, eingekeilt in deine zahlreichen Beschäftigungen, keinen Ausweg mehr siehst ... Es ist viel klüger, du entziehst dich von Zeit zu Zeit deinen Beschäftigungen, als dass sie dich ziehen und dich nach und nach an einen Punkt führen, an dem du nicht landen willst. Du fragst, an welchem Punkt? An dem Punkt, wo das Herz hart wird. ... Wenn du dein ganzes Leben und Erleben völlig ins Tätigsein verlegst ... Wie kannst du voll und echt Mensch sein, wenn du dich selbst verloren hast? Auch du bist ein Mensch. Damit deine Menschlichkeit allumfassend und vollkommen sein kann, musst du also nicht nur für alle anderen, sondern auch für dich selbst ein aufmerksames Herz haben. ... Wie lange noch schenkst du allen anderen deine Aufmerksamkeit, nur nicht dir selbst? Ja, wer mit sich selbst schlecht umgeht, wem kann der gut sein? Denk also daran: Gönne dich dir selbst! Ich sage nicht: tu das immer, ich sage nicht: tu das oft, aber ich sage: tu es immer wieder einmal."

Bernhard von Clairvaux[10]

Meine Gedanken

Alle Weisheit
lässt sich in zwei Zeilen ausdrücken:
Was für dich getan wird –
lass zu, dass es getan wird.
Was du selbst tun musst –
sorge dafür, dass du es selbst tust.

CHAWWAS

Geh in dein Herz

Vor langer Zeit, so berichtet eine alte Mönchsgeschichte, sagte ein alter Mönch zu einem Geschäftsmann:

„Wie der Fisch auf trockenem Land verendet, so gehen Sie zugrunde, wenn Sie sich in der Welt verstricken. Der Fisch muss ins Wasser zurück und Sie müssen zum Geist zurückkehren."

Der Geschäftsmann war entsetzt: „Wollen Sie sagen, ich müsste mein Geschäft aufgeben und ins Kloster gehen?"

Der alte Mönch sagte: „Überhaupt nicht. Ich sage Ihnen, bleiben Sie bei Ihrem Geschäft und gehen Sie in Ihr Herz hinein."

Aus der christlichen Mönchstradition (4./5. Jh.)

Meine Gedanken

Die Krisen unseres Lebens
sind Zeiten des Wachstums.
Sie sagen uns, dass unser Lebensweg in einer
anderen Richtung weitergeht.

WILLIGIS JÄGER

Hoffnung und Schicksal

Hoch über der Stadt kamen der Stern Hoffnung und der Stern Schicksal miteinander ins Gespräch. Sie waren einander schon manches Mal begegnet. Der Schicksalsstern sagte: „Ich bewundere dich, dass du immer wieder neue Wege für die Menschen siehst." Der Stern der Hoffnung entgegnete: „Das ist nicht schwer. Schau hinab in die Stadt und schau dir die vielen Wege an." Der Angesprochene fand die Antwort oberflächlich und wandte deshalb ein: „Wege gibt es viele, gewiss, doch welcher Mensch kann viele Wege finden?"

Da wurde der Stern der Hoffnung unwillig und sagte: „Eben weil es viele Wege gibt, können Menschen sie auch finden." „Und wenn sie von den vielen Wegen nichts wissen?", wandte der Schicksalsstern noch einmal ein: „Wenn sie l e b e n wollen", rief der Stern der Hoffnung und leuchtete trotzig auf die Stadt hinab, „wenn sie l e b e n wollen, dann s u c h e n sie die Wege."

Uwe Böschemeyer[11]

Meine Gedanken

Unter allen Wegen,
die du im Leben einschlagen kannst,
befindet sich einer,
der bedeutsamer ist als alle anderen.
Dies ist der Pfad, der dich verändern
und zum wahren Menschenwesen machen wird.

SERGIO BAMBAREN

Der Mut des kleinen Samens

Es waren einmal zwei kleine Samen, die tief in der Erde steckten. Ihre innere Stimme sagte ihnen, dass es Zeit sei, einen Sprössling zu bilden und zu wachsen. Das taten sie dann auch. Nach einigen Tagen stießen sie beide mit dem Kopf an etwas Hartes und – wie es schien – Undurchdringliches. „Ach", seufzte der eine Samen, „hier geht es nicht weiter" und resignierte nach einigen Versuchen.

Der andere Samen wollte nicht aufgeben. „Ich finde einen Weg!", dachte er bei sich und ließ seinen Sprössling einfach an der harten Decke entlanglaufen und wachsen. Das war mühsam, anstrengend und immer wieder kam der Gedanke aufzugeben, aber innerlich war er sich sicher, dass irgendwo etwas Wunderbares auf ihn warten würde. Und tatsächlich spürte er nach einigen Tagen, wie die harte Decke über ihm endete. Er mobilisierte nun noch einmal alle Kräfte und wuchs nach oben. Neben der Straße durchbrach er die Erde, wo die Sonne auf ihn wartete, es gab Wasser und genügend Erde. So konnte er sich entfalten und wuchs zu einer leuchtenden und beachteten Blume am Wegesrand.[12]

Meine Gedanken

Chance der Bärenraupe, über die Straße zu kommen

Keine Chance. Sechs Meter Asphalt.
Zwanzig Autos in einer Minute.
Fünf Laster. Ein Schlepper. Ein Pferdefuhrwerk.

Die Bärenraupe weiß nichts von Autos.
Sie weiß nicht, wie breit der Asphalt ist.
Weiß nichts von Fußgängern, Radfahrern, Mopeds.

Die Bärenraupe weiß nur, daß jenseits
Grün wächst. Herrliches Grün, vermutlich freßbar.
Sie hat Lust auf Grün. Man müßte hinüber.

Keine Chance. Sechs Meter Asphalt.
Sie geht los. Geht los auf Stummelfüßen.
Zwanzig Autos in der Minute.

Geht los ohne Hast. Ohne Furcht. Ohne Taktik.
Fünf Laster, ein Schlepper. Ein Pferdefuhrwerk.
Geht los und geht und geht und geht und kommt an.

Rudolf Otto Wiemer[13]

Heilsame
Unterbrechungen

Einstimmung in den Tagesrhythmus

Tag und Nacht, Hell und Dunkel bestimmen unseren Lebensrhythmus. Die Struktur der Zeit dazwischen wird uns im Alltag je nach Lebenssituation, Aufgaben und Erwartungen weitgehend vorgegeben. Beim Pilgern jedoch sind wir frei und können unseren Tagesrhythmus selbst bestimmen. Es bietet sich jedoch an, jeden Pilgertag durch wenige Rituale zu strukturieren, denn „sie bringen uns in Berührung mit uns selbst" (Anselm Grün). Und schenken uns eine heilsame Zeit. Beim Pilgern können wir uns ganz auf den Rhythmus von Tag und Nacht, Gehen und Ruhephasen einlassen. Dabei hat die Zeit zu Beginn des Tages, die Zeit für eine Atempause dazwischen und die Zeit am Ende des Abends ihre je eigene Qualität. Zur Gestaltung dieser Zeiten findest du auf den folgenden Seiten unter den Überschriften:

➤ *Morgentexte – den Pilgertag gut beginnen*
➤ *Atempause – Gebete und Impulse*
➤ *Abendtexte – den Pilgertag gut beenden*

jeweils eine Sammlung von Segensgebeten und meditativen Texten, die du zu verschiedenen Anlässen beten oder meditieren kannst.

Der Herr möge uns den Weg weisen
und uns die Kraft verleihen,
dass wir graben können,
bis wir den Schatz finden.
Er liegt wirklich und wahrhaftig in uns selbst.

Teresa von Ávila

Morgentexte – den Pilgertag gut beginnen

Beginne den Morgen bewusst: Still stehen oder sitzen, mit einem Morgengebet und/oder Pilgersegen (vgl. S. 45); du kannst aber auch statt des Segens eine Geschichte oder einen Sinnspruch (vgl. Geschichten von A–Z S. 138 oder Thematisches Stichwortverzeichnis S. 139) wählen und damit schweigend in den Tag aufbrechen.

Achtsam unterwegs
Gott
an diesem Pilgermorgen
erahne ich deine Gegenwart
wenn ich meine Umgebung betrachte
wenn ich auf meinen Atem achte
wenn ich meinen Körper wahrnehme
wenn ich meine Gefühle und Gedanken beachte

Der Weg ist weit
doch ich will ihn achtsam wahrnehmen
wenn ich gehe und schweige
wenn ich innehalte und die Natur genieße
wenn ich mit anderen gehe
wenn ich zuhöre und ermutige
wenn ich zweifle oder frage
wenn ich eine Atempause brauche
wenn ich Schmerzen oder meine Grenzen spüre

achtsam in jedem Augenblick
segne meinen Weg und alle
denen ich auf dem Weg begegne
begleite mein Bemühen
Peter Müller

Gott, du Atem meines Lebens

Gott, täglich erlebe ich,
dass Atmen und Schweigen etwas Kostbares sind.
Lass mich spüren,
dass ich im Rhythmus meines Atmens
zur Ruhe komme.

Im Atmen nehme ich teil an deinem Lebensatem
du schenkst damit meiner Seele
das Gefühl, getragen zu sein
und Freude am Leben.

Gott, du Atem meines Lebens
segne meinen Pilgertag
und alle, denen ich heute begegne.
Dein Lebensatem begleite mich.

Peter Müller

In deine Hände

Gott
obwohl ich schon einige Tage unterwegs bin
erwachen immer wieder meine Sorgen und Ängste

Ich lege sie in deine Hände
nimm was mir Sorgen bereitet
was mich ängstigt
was mich ärgert
was mich ...

Dankbar und befreit gehe ich in den Tag
aufmerksam für die Natur entlang des Weges
offen für die Anliegen der Menschen
bereit zu schweigen und nach innen zu hören

Peter Müller

Atempausen – Gebete und Impulse für den Tag

Stopp! Halt an! Mach eine Atempause! Detlef Wendler nennt das eine „Vorform des Gebetes". Mitten im Pilgern anhalten und staunend die Natur, die Weite der Landschaft, den Tau auf der Wiese, das kunstvoll gesponnene Spinnengewebe, ... betrachten und dafür danken. Oder: Einfach innehalten an einem stillen Ort, an einem Brunnen, in einer Kirche, unter einem Baum, ... Hier kann ich körperlich und seelisch auftanken, die Ruhe genießen, eine Geschichte lesen oder, kurz bevor ich neu starte, einen Sinnspruch wählen und mit der Frage weitergehen: Was hat die Geschichte bzw. was hat der Spruch mit mir zu tun?

Loslassen

Manches hört nur auf, wenn wir damit aufhören.
Wir sagen: Wenn dies und das sich geregelt hat,
dann endet meine Sorge.
Vermutlich kommt blitzschnell die Sorge zurück,
nur mit einem anderen Inhalt.
Wir sagen: Wenn sich das und das geregelt hat,
dann endet meine Angst.
Vermutlich kommt blitzschnell die Angst zurück,
vielleicht vor etwas anderem.
Gott,
wenn ich immer dieselben Gedanken grüble,
hilf mir, Stopp zu sagen und loszulassen.

Detlef Wendler[14]

Spurensuche

Spuren der Pilger vor mir
erinnern daran
ich bin auf der Suche
nach dir mein Gott

Unterwegs als Pilger
stelle ich Fragen
zerbrechen Vorstellungen
verflüchtigen sich Wünsche

Unterwegs als Pilger
erwachen Hoffnungen
keimt Vertrauen
wachsen neue Seelenkräfte

Unterwegs als Pilger
erkenne ich mich
entdecke ich Spuren
um dich zu finden

Peter Müller

Immer neu aufstehen

Menschen fragen manchmal,
was Mönche in einem Kloster tun.
Die Antwort lautet:
Wir fallen und stehen auf,
wir fallen und stehen auf,
und abermals fallen wir und stehen wieder auf.
Und wir finden die Stärke aufzustehen,
indem wir Gott unsere Schwäche bekennen.

Pachomius der Ältere [15]

Lebendigkeit

Man sieht die Blumen welken und die Blätter
fallen, aber man sieht auch Früchte reifen
und neue Knospen keimen.
Das Leben gehört den Lebendigen an,
und wer lebt, muss auf Wechsel gefasst sein.

Johann Wolfgang von Goethe

Erkenne dich selbst, dann ...

Es ist ein abwegiger Gedanke,
dass wir in den Himmel kommen können,
ohne dass wir zuerst
unsere eigene Seele erkundet haben –
ohne uns selbst kennenzulernen.

Teresa von Ávila

Die gegenwärtige Stunde nutzen

Warte nicht auf eine spätere, gelegene Zeit,
denn du bist nicht sicher,
ob du sie haben wirst.
Die Zeit entschwindet unbemerkt.
Darum versäumt – wer klug ist – keine Zeit
und gibt die gegenwärtige Stunde,
die ihm gehört,
nicht ungenutzt weg
für eine andere Stunde,
die noch nicht sein eigen ist.

Katharina von Siena

Abendtexte – den Pilgertag gut beenden

Ich suche mir einen ruhigen Ort, schaue auf den Tag zurück, danke für das Angenehme, denke an das, was mich heute bedrückte, und lasse es los. Wichtige Begegnungen und Gedanken schreibe ich in mein Tagebuch, lese meine Tagesgeschichte noch einmal, ... und schließe den Tag ab.

Abendliches Dankgebet
Ich halte inne
am Ende meines Pilgertages
und achte auf mein
Ein und Ausatmen
damit ich in Stille
das Mühsame und Beglückende
des Tages anschauen kann

Während mein Atem
kommt und geht
erinnert er mich
an den Lebensatem Gottes
in allem
dem ich heute begegnet bin

Ich danke heute
mit meinem aufmerksamen Atmen
für meine ersten Schritte in den Tag
für alles, was ich heute erlebt habe
der Natur für ihre Schönheit
den Menschen für die Begegnungen
Gott für seine Begleitung

Peter Müller[16]

Achtsamer Tagesrückblick

In seinen Anweisungen zum spirituellen Leben regt Ignatius von Loyola an, den Tag zu beenden mit einem „Gebet der liebenden Aufmerksamkeit".

Werde ruhig (Atmen, Stille, Schweigen), schaue auf die Begegnungen, Erlebnisse, Gespräche, Gedanken, ... des heutigen Tages. Lasse alles wie einen Film an dir vorüberziehen. Stelle dir vor, alles wird von einem hellen Licht beleuchtet. Das Licht symbolisiert „Gott und seine Gegenwart".

In diesem Licht betrachte ich den Pilgertag und entdecke Spuren Gottes in ihm. Im Tagesbeginn, in der Last meines Rucksacks, in den Begegnungen, in meiner Freude und Müdigkeit, ... Dankbar spreche ich:

Gott, du Licht
nimm an
was ich an diesem Tag
gedacht, geredet und getan habe

Dir übergebe ich
meine unruhigen Gedanken
meine wirren Gefühle
meine Begegnungen

Dir zeige ich
meine Schattenseiten
meine Schwächen
meine Fähigkeiten

Dir vertraue ich
denn du liebst das Leben
lass mich in dieser Nacht zur Ruhe kommen
und so gestärkt in den neuen Tag gehen

Peter Müller

Meinen Pilgertag Gott übergeben

Ich suche einen ruhigen Ort, achte auf mein Ein- und Ausatmen, spüre eine kurze Zeit meinem Atem nach und werde
ruhiger und ruhiger.

Ich forme meine Hände zu einer Schale
und halte sie vor mich hin:

Ich erinnere mich an meinen Pilgertag
an weiche und steinige Wege
an Begegnungen
an Überraschungen des Tages
an meine Gedanken und Gefühle
an oberflächliche und tiefe Gespräche
an blühende Blumen
an Blicke in die Weite der Landschaft
an Zeiten schweigenden Gehens

Ich lege diese Erinnerungen
in die Schale meiner Hände
schaue sie an und halte sie Gott hin

Gott ich danke
für Gelungenes und weniger Gutes
für alles Leichte und Anstrengende
für die Leistung meiner Füße
für die Hilfe eines Mitpilgers
für ...

Ich übergebe dir meinen Pilgertag
tauche in die Stille der Nacht ein
getragen von der Zuversicht
gesegnet zu sein für einen neuen Morgen

Peter Müller

Unterwegs sein –
schenk deiner
Seele Zeit

Erfahrungen von Pilgern

Menschen sehnen sich nach Begegnungen, in denen sie sich verstanden fühlen und aus denen gegenseitiges Vertrauen wächst. Für den jüdischen Religionsphilosophen Martin Buber gilt: „Alles wirkliche Leben ist Begegnung." In ihnen erlebe ich, wer ich bin, was mich trägt und was mir wichtig ist.

Es ist Zeit zur Mittagspause. Ich lege den Rucksack an der kleinen Bar ab und höre eine mir bekannte gregorianische Melodie. Etwa 20 Meter abseits sitzen zwei Pilger und beten singend in koreanischer Sprache die Psalmen ihres Mittagsgebetes. Ich setze mich, höre zu und lasse mich tragen von den Rhythmen des Gesangs der beiden Mönche. Eine unerwartete Begegnung mit einem frühen Glaubenszeugnis und Einladung, mich zu fragen: Was berührt das in mir? (Peter)

Der Camino ist wie ein Spiegel. Du schaust hinein und siehst ganz neue Seiten an dir, du entdeckst dich und dein Inneres ganz neu. (Norbert)

Meine Schwester und ich sind Atheisten. Wir gingen den Weg, um die Kultur des Weges kennenzulernen. Im Kontakt mit den Einheimischen wurden wir mit dem Glauben unserer Kinderzeit konfrontiert, denn am Ende eines Gesprächs riefen sie uns zu: „Betet für uns beim Jakobus." Seltsamerweise bekamen wir solche Bitten oft, wenn wir selbst in einer Krise waren. Ein Rucksack voller Gebetsbitten machte uns bewusst, was uns auf diesem Weg trägt. (Tina)

Der Camino fordert etwas, aber er gibt auch etwas zum rechten Zeitpunkt zurück. (Michael)

Pilgersegen – Geh, du bist gesegnet

Du bist Pilger, du bist Pilgerin
weil eine Sehnsucht in dir ist
weil du ein Ziel hast
weil da ein Weg ist
der dich zum Pilgern ruft

Du bist unterwegs – zu wem?
Zu dir selbst?

Geh
Suche die Begegnung mit dir selbst
mit deinen Gedanken und Gefühlen
mit deinen Stärken und Schwächen
mit deiner Freude und Traurigkeit
mit deiner Seele und deinen Talenten

Geh
Sei gesegnet auf diesem Weg
Du bist unterwegs – zu wem?
Zu Gott?

Geh
Suche die Begegnung mit ihm
mit seiner Schöpfung
mit seinen menschlichen Geschöpfen
mit dem, der in dir wohnt
mit dem, der dich begleitet
mit dem, der dich schützt

Geh
und sei von ihm gesegnet

Peter Müller

Weisheitsgeschichten und Sinnsprüche

„Wenn ihr langsam fahrt, ...“

Als Till Eulenspiegel mit seinen wenigen Habseligkeiten zu Fuß zur nächsten Stadt wanderte, da überholte ihn eine recht schnell fahrende Kutsche. Der Kutscher, der es sehr eilig zu haben schien, rief: „Wie weit ist es noch bis zur nächsten Stadt?“ „Wenn ihr langsam fahrt, eine halbe Stunde – wenn ihr schnell fahrt, einen halben Tag, mein Herr!“, antwortete Till Eulenspiegel. „Du Nurr!“, schimpfte der Kutscher, griff zur Peitsche und trieb die Pferde noch heftiger an, und die Kutsche fuhr mit erhöhtem Tempo weiter.

Till Eulenspiegel ging seines Weges dahin. Die Straße hatte viele Schlaglöcher. Eine Stunde später fand er eine Kutsche, die offenbar mit einem Schaden im Straßengraben lag. Die Vorderachse war gebrochen und der Kutscher war fluchend damit beschäftigt, sie zu reparieren.

Der Kutscher blickte Till Eulenspiegel vorwurfsvoll an, doch dieser sagt nur: „Ich sagte euch doch: Wenn ihr langsam fahrt, eine halbe Stunde ...“[17]

Meine Gedanken

Die Zeit ist kurz.
Oh Mensch, sei weise
und wuchere mit dem Augenblick.
Nur einmal machst du diese Reise,
lass eine Segensspur zurück.[18]

Loslassen können

Zwei Mönche kamen während ihres Pilgerns an die Furt eines Flusses. Am Ufer stand ein wunderschönes Mädchen. Es hatte Angst, den Fluss zu überqueren, da er wegen starker Regenfälle bedrohlich angeschwollen war. Der eine Mönch schaute schnell woanders hin. Der andere hingegen, ohne zu zögern und ohne ein Wort, nahm das Mädchen auf die Arme und trug es durch das Wasser. Am anderen Ufer stellte er das Mädchen behutsam und sicher wieder auf die Füße. Dann pilgerten die beiden Mönche schweigend weiter. Eine halbe Stunde verging, eine ganze, zwei Stunden vergingen. Da platzt der Mönch, der allein durch den Fluss gegangen war, los: „Was ist eigentlich in dich gefahren? Weißt du nicht, dass du gegen mehrere Mönchsregeln verstoßen hast? Wie konntest du dieses hübsche Mädchen überhaupt beachten, geschweige sie berühren und ans andere Ufer tragen?" Der so Beschuldigte erwiderte ruhig: „Bruder, ich habe das Mädchen am Ufer des Flusses zurückgelassen. Trägst du es immer noch?"

Aus der ZEN-Tradition

Meine Gedanken

Ob Gedanken uns belästigen oder nicht,
liegt nicht in unserer Macht.
Ob sie sich aber in uns aufhalten oder nicht,
ob sie Leidenschaften in uns entfesseln oder nicht,
das liegt in unserer Macht.

EVAGRIUS PONTICUS[19]

Suchreise der Pilgerin

Es war einmal eine Frau, die von der Frucht des Himmels gehört hatte. Sie begehrte sie und fragte einen Meister: „Wie kann ich die Frucht der großen Erkenntnis erlangen?"

„Das Beste wäre, bei mir zu lernen", sagte der Meister. „Aber wenn du das nicht willst, musst du die Welt durchwandern und sie suchen."

Sie verließ ihn und suchte einen anderen Gelehrten auf, doch auch der gab ihr die Antwort: „Bleib hier, um diese Himmelsfrucht bei mir zu finden." Da dachte sie: „Bestimmt gibt es noch einen anderen, besseren Weg" und zog weiter. Dann traf sie einen erfahrenen Einsiedler, danach einen sternkundigen Weisen, und viele andere. Von allen erhielt sie die gleiche Antwort. Unzufrieden darüber zog sie überall weiter und so vergingen dreißig Jahre während ihrer Suche nach der himmlischen Frucht der Erkenntnis.

Schließlich kam sie zu einem Garten. Da stand der Baum des Himmels und in seinen Zweigen die leuchtende Frucht des Himmels. Neben dem Baum stand ihr erster Meister. „Warum hast du mir nicht gleich gesagt, dass du der Wächter der himmlischen Frucht der großen Erkenntnis bist?", fragte sie ihn. „Weil du mir damals nicht geglaubt hättest. Die Frucht des Himmels kann man nur finden, wenn man sich auf den Weg macht, sie zu suchen. Außerdem trägt der Baum nur einmal in dreißig Jahren und dreißig Tagen Frucht.

Aus der Tradition der Sufis

Meine Gedanken

Es gibt keine Fehler, keine Zufälle.
Alle Ereignisse sind Segnungen,
die uns gegeben werden,
damit wir daraus lernen.

ELISABETH KÜBLER-ROSS

Du bist wertvoll! Du bist ein Original!

Ein bekannter Redner startete seinen Vortrag im voll besetzten Saal, indem er einen 50-Euro-Schein hoch hielt. Er fragte: „Wer möchte diesen 50-Euro-Schein haben?" Alle streckten ihre Hand.

Er sagte: „Ich werde diese 50 Euro einem von euch geben, aber zuerst lasst mich eins tun." Er zerknitterte den Schein. Dann fragte er: „Möchte ihn immer noch einer haben?" Alle erhoben ihre Hand.

Dann rief er: „Was ist, wenn ich das tue?" und warf den Schein auf den Boden und rieb ihn mit seinen Schuhen am dreckigen Boden. Er hob ihn auf, der Schein war zerknittert und völlig dreckig. Dann fragte er: „Und nun, wer möchte ihn jetzt noch haben?" Wieder gingen alle Hände hoch.

Dann sagte er: „Liebe Zuhörer, wir haben eben eine sehr wertvolle Lektion gelernt. Was auch immer mit dem Geld geschah: Ihr wolltet es haben, weil es nie seinen Wert verloren hat. Es war immer noch 50 Euro wert. Es passiert oft in unserem Leben, dass wir zerknittert, zu Boden geworfen und in den Dreck geschmissen werden. Das sind Tatsachen aus dem alltäglichen Leben. Dann fühlen wir uns, als ob wir wertlos wären. Aber egal, was passiert ist oder was passieren wird, wir werden niemals an Wert verlieren. Schmutzig oder sauber, zerknittert oder fein gebügelt, wir sind immer noch als Menschen gleich wertvoll. Der Wert unseres Lebens wird nicht durch das bewertet, was wir tun oder wie wir aussehen, wer mit uns befreundet ist oder wen wir kennen, ... sondern allein dadurch, wer wir sind. Wir sind einmalig, wir sind wertvoll, jeder von uns ist ein Original. Es liegt an uns, unsere gottgeschenkte Originalität zu leben.[20]

Meine Gedanken

> Der Mensch muss Original sein,
> nicht bloß Kopie.
>
> F.X. LINSENMANN[21]

Still werden

Ein großer König im Morgenlande besuchte seinen Meister und sagte ihm: „Ich bin ein äußerst beschäftigter Mann, kannst du mir sagen, was ich tun muss, um mit Gott vereint zu sein? Aber antworte mir nur in einem Satz!"

Darauf entgegnete der Meister: „Ich werde dir sogar nur mit einem Wort antworten."

„Und wie lautet dieses Wort?", fragte der König.

Der Meister sagte: „Stille!"

„Und wie kann ich Stille finden?", hakte der König nach.

„Meditation!", gab der Meister zurück. Meditation bedeutet im Verständnis des Ostens, nicht zu denken, jenseits allen Denkens.

Darauf fragte der König: „Und was ist Meditation?"

Der Meister antwortete: „Stille!"

„Wie werde ich sie entdecken?"

„Stille."

„Wie werde ich die Stille entdecken?"

„Meditation!"

„Was ist denn nun Meditation?"

„Stille!"

Jeder Weg zu Selbsterkenntnis und damit zu Gott muss ein Weg zur Stille sein. Stille bedeutet, Worte und Gedanken hinter sich zu lassen. Was ist falsch an Wörtern und Gedanken? Sie schränken ein.

Anthony de Mello[22]

Meine Gedanken

Stille ist kein Stillstand,
sondern innere Bewegung.

ANSELM GRÜN

Die drei Siebe

Zum weisen Sokrates kam ein Freund gelaufen und sagte:
„Höre Sokrates, das muss ich dir erzählen!"

„Halte ein!" – unterbrach ihn der Weise. „Hast du das, was du mir sagen willst, durch die drei Siebe geprüft?"

„Drei Siebe?", fragte der andere verwundert.

„Ja, mein Freund! Lass sehen, ob das, was du mir sagen willst, durch die drei Siebe hindurchgeht. Das erste ist die Wahrheit. Hast du alles, was du mir erzählen willst, geprüft, ob es wahr ist?"

„Nein, ich weiß nicht, ich hörte es erzählen und …"

„So, so! Aber sicher hast du es im zweiten Sieb geprüft. Es ist das Sieb der Güte. Ist das, was du mir erzählen willst, wenigstens gut?"

Zögernd sagte der Freund: „Nein, im Gegenteil …"

„Hm …", unterbrach ihn der Weise, „so lass uns auch das dritte Sieb noch anwenden. Ist es notwendig, dass du mir das erzählst, was dich so erregt?"

„Notwendig nun gerade nicht …"

„Also", sagte lächelnd der Weise, „wenn das, was du mir erzählen willst, weder wahr noch gut noch notwendig ist, so lass es begraben sein und belaste dich und mich nicht damit!"

Sokrates

Meine Gedanken

Mehr geht nicht
als aufrecht zu gehen
vom Mut getragen
du selbst sein

Schritt um Schritt
den Blick schärfen
für die Fähigkeit
zum aufrechten Gang

ANNEMARIE SCHMITT

Sinnsucher unterwegs

Es waren einmal drei Mönche. Der erste wollte Streitende zum Frieden führen, der zweite beschloss, sich um Kranke zu kümmern, um sie zu heilen, und der dritte zog als Einsiedler in die Wüste, um dort in Ruhe zu leben.

Viele Jahre vergingen. Der erste Mönch, der sich um die Streitenden mühte, konnte nur wenig Streitende versöhnen und es gelang ihm kaum, kriegerische Auseinandersetzungen zu verhindern. Er zweifelte an sich, wurde mutlos und fasste den Entschluss, den zweiten Mönch aufzusuchen, der den Kranken diente. Auch er war in gedrückter Stimmung und unzufrieden mit seiner Tätigkeit. Da beschlossen sie, den dritten Mönch aufzusuchen, und pilgerten zu ihm in die Wüste. Sie erzählten ihm von ihren Zweifeln, Sorgen und Schwierigkeiten. Er hörte aufmerksam zu, schwieg eine Weile, dann führte er sie an einen Brunnen. Dort nahm er ein großes Gefäß, an dem ein Seil befestigt war, warf es in den Brunnen und zog es gefüllt mit Wasser wieder heraus. Dann forderte er sie auf: „Schaut in den Brunnen! Was seht ihr?" „Schäumendes, unruhiges Wasser", antworteten sie. Der Einsiedler wartete schweigend einige Minuten, bis das Wasser sich beruhigt hatte, dann sagte er zu ihnen: „Schaut nochmals hinein! Was seht ihr jetzt?" Die beiden schauten hinein und antworteten: „Jetzt sehen wir im Wasser unser Gesicht, wir sehen uns selbst."

„So müsst auch ihr schweigen, still werden und zur Ruhe kommen, damit ihr euch selbst, sowie den Sinn eurer Tätigkeit und eures Lebens erkennt."

Aus der christlichen Mönchstradition (4./5. Jh.)

Meine Gedanken

> Wer über sich selbst hinausgehen will,
> muss in sich selbst hinabsteigen.
>
> TIBETISCHE WEISHEIT

Selbstherrlichkeit

Ein buddhistischer Mönch war mit seinen Schülern zu Fuß unterwegs, als er bemerkte, dass sie untereinander stritten, wer von ihnen der Beste sei.

„Ich meditiere seit fünfzehn Jahren", sagte einer. „Ich war wohltätig, seit ich mein Elternhaus verlassen habe", sagte ein anderer. „Ich habe stets die Lehren Buddhas befolgt", sagte ein dritter.

Mittags rasteten sie unter einem Apfelbaum. Der war so voller Früchte, dass die Äste sich fast zum Boden neigten.

Der Meister sagte: „Wenn ein Baum mit Früchten beladen ist, beugen sich seine Äste zu Boden. Wahrhaft weise ist der Demütige. Wenn ein Baum keine Früchte trägt, sind seine Äste überheblich und stolz. Und auch der Törichte glaubt immer, er sei besser als der andere."

Paulo Coelho[23]

Meine Gedanken

Dem Menschen wurden zwei Augen gegeben,
damit er mit einem Auge
die guten Eigenschaften seines Nächsten sehe
und mit dem anderen Auge
seine eigenen Fehler.

CHASSIDISCHE LEBENSWEISHEIT

Weniger ist mehr

Als echter Philosoph, der er war, glaubte Sokrates, ein weiser Mann würde instinktiv ein einfaches Leben führen. Er selbst pflegte nicht einmal Schuhe zu tragen. Und doch fühlte er sich immer wieder vom Marktplatz angezogen und besuchte ihn oft, um die dort angebotenen Waren zu betrachten.

Als einer seiner Freunde ihn fragte, warum er das täte, sagte Sokrates: „Ich gehe gern hin, um festzustellen, wie viele Dinge es gibt, ohne die ich fantastisch auskomme."

Anthony de Mello[24]

Meine Gedanken

> Wirf dein Herz nicht hinter Äußerlichkeiten her.
> Jedermann hat seine Stunde.
>
> ANEMEMOPE[25]

Geh und handle ebenso!

Da stand ein Gesetzeslehrer auf, und um Jesus auf die Probe zu stellen, fragte er ihn: Meister, was muss ich tun, um das ewige Leben zu gewinnen? Jesus sagte zu ihm: Was steht im Gesetz? Was liest du dort? Er antwortete: Du sollst den Herrn, deinen Gott, lieben mit ganzem Herzen und ganzer Seele, mit all deiner Kraft und all deinen Gedanken, und: Deinen Nächsten sollst du lieben wie dich selbst. Jesus sagte zu ihm: Du hast richtig geantwortet. Handle danach und du wirst leben. Der Gesetzeslehrer wollte seine Frage rechtfertigen und sagte zu Jesus: Und wer ist mein Nächster?

Darauf antwortete ihm Jesus: Ein Mann ging von Jerusalem nach Jericho hinab und wurde von Räubern überfallen. Sie plünderten ihn aus und schlugen ihn nieder; dann gingen sie weg und ließen ihn halb tot liegen. Zufällig kam ein Priester denselben Weg herab; er sah ihn und ging weiter. Auch ein Levit kam zu der Stelle; er sah ihn und ging weiter. Dann kam ein Mann aus Samarien, der auf der Reise war. Als er ihn sah, hatte er Mitleid, ging zu ihm hin, goss Öl und Wein auf seine Wunden und verband sie. Dann hob er ihn auf sein Reittier, brachte ihn zu einer Herberge und sorgte für ihn. Am andern Morgen holte er zwei Denare hervor, gab sie dem Wirt und sagte: Sorge für ihn, und wenn du mehr für ihn brauchst, werde ich es dir bezahlen, wenn ich wiederkomme.

Was meinst du: Wer von diesen dreien hat sich als der Nächste dessen erwiesen, der von den Räubern überfallen wurde? Der Gesetzeslehrer antwortete: Der, der barmherzig an ihm gehandelt hat. Da sagte Jesus zu ihm: Dann geh und handle genauso!

Evangelium nach Lukas 10,25–37

Meine Gedanken

Der weiteste Weg
im Leben eines Menschen
ist der Weg
vom Gehirn in die Hand.

ANGAARGAQ[26]

Der Wächter

Ein großer chassidischer Meister setzte sich spätabends an einen Fluss, um zu meditieren. Nach einer Weile stand er wieder auf und kehrte nach Hause zurück. Sein Weg führte an einem mächtigen Herrschaftshaus vorbei, vor dem ein Wachposten stand. Der Wächter wunderte sich, was dieser Mann trieb. Einige Male folgte er ihm bis zum Fluss, doch er konnte nichts feststellen.

Schließlich wagte er es, ihn direkt zu fragen: „Ich sehe Sie oft zum Fluss gehen, und, entschuldigen Sie meine Neugier, ich bin Ihnen auch schon gefolgt. Aber ich verstehe nicht, was Sie dort suchen. Sie tun ja nichts! Sie sitzen nur am Wasser und kehren wieder zurück?"

„Ich weiß, dass Sie mir schon oft gefolgt sind", antwortete der Meister, „denn die Nacht ist still und ich konnte Ihre Schritte hören. Auch habe ich Sie schon oft vor dem Tor dieses großen Hauses gesehen. Was machen Sie eigentlich?"

„Oh, ganz einfach: Ich bin ein Wächter." „Welch ein Zufall", rief der Meister, „auch ich bin ein Wächter."

„Aber wenn Sie ein Wächter sind, dann müssten Sie doch etwas haben, was Sie bewachen, ein Haus, einen Palast oder Park. Aber ich sehe Sie nur am Fluss sitzen ..."

„Der Unterschied zwischen uns ist klein: Sie bewachen ein Haus, ich bewache mich selbst. Sie beobachten, was sich rund um dieses Haus tut, ich beobachte, was in mir vorgeht."

„Seltsam", brummte der Wächter, „und wer bezahlt Sie dafür?" Der Meister antwortete: „Mein Lohn ist eine innere Ruhe und Gelassenheit, die durch kein Geld dieser Welt aufgewogen werden kann."

Aus der chassidisch-jüdischen Tradition

Meine Gedanken

....

....

....

....

....

....

....

....

....

....

....

Sei ein Türhüter deines Herzens
und lasse keinen Gedanken
ohne Befragung herein.

EVAGRIUS PONTICUS[27]

Schattenseiten – davonlaufen oder ...?

Beobachte selbst: Als Pilger breche ich täglich am frühen Morgen in Richtung Westen auf und sobald hinter mir im Osten die Sonne aufgeht, läuft vor mir mein eigener Schatten mit. Im Laufe des Tages wandert die Sonne von Ost nach West und mein Schatten wandert langsam mit ihr auf meine rechte Seite, bis er schließlich am Abend hinter meinem Rücken verschwunden ist. Ich habe den Schatten hinter mir gelassen.

„Es war einmal ein Mann, der ärgerte sich, dass er bei jedem Schritt vor sich seinen Schatten sah. Da beschloss er, ihn hinter sich zu lassen. Er sagte zu sich: „Ich laufe ihm einfach davon." Er begann zunächst, schneller zu laufen, es änderte sich nichts, denn immer wenn er einen Schritt tat, war auch mühelos sein Schatten vor ihm dabei. Er sagte zu sich: „Ich muss noch schneller laufen." Also lief er schneller, dann begann er zu rennen, doch sein Schatten folgte ihm. Und der Mann rannte so lange vor seinem Schatten davon, bis er tot zu Boden sank. Wäre er einfach in den Schatten eines Baumes getreten oder hätte er sich dort hingesetzt, dann wäre er seinen eigenen Schatten losgeworden. Doch darauf kam er nicht."

Aus der christlichen Mönchstradition (4./5. Jh.)

Meine Gedanken

Wenn die Nacht kommt und zeigt,
dass alles Stückwerk geblieben ist,
dann alles nehmen,
wie es ist,
und Gott in die Hände legen.

EDITH STEIN

Wer bist du?

Eine Frau liegt im Koma. Plötzlich hatte sie das Gefühl, sie käme in den Himmel und stünde vor dem Richterstuhl.

„Wer bist du?", fragte eine Stimme. „Ich bin die Frau des Bürgermeisters", erwiderte sie. „Ich habe nicht gefragt, wessen Ehefrau du bist, sondern wer du bist."

„Ich bin die Mutter von vier Kindern." „Ich habe nicht gefragt, wessen Mutter du bist, sondern wer du bist."

„Ich bin eine Lehrerin." „Ich habe nicht nach deinem Beruf gefragt, sondern wer du bist."

Und so ging es weiter. Alles, was sie erwiderte, schien keine befriedigende Antwort auf die Frage zu sein: „Wer bist du?"

„Ich bin eine Christin." „Ich fragte nicht, welcher Religion du angehörst, sondern wer du bist."

„Ich bin die, die jeden Tag in die Kirche ging und immer den Armen und Hilfsbedürftigen half." „Ich fragte nicht, was du alles getan hast, sondern wer du bist."

Offensichtlich bestand die Frau die Prüfung nicht, denn sie wurde zurück auf die Erde geschickt. Als sie wieder gesund war, beschloss sie, herauszufinden, wer sie war. Und darin lag der ganze Unterschied.

Anthony de Mello[28]

Meine Gedanken

Vor seinem Ende sprach der Rabbi Sussja:
„In der kommenden Welt
wird man mich nicht fragen,
warum bist du nicht Mose gewesen.
Man wird mich fragen:
Warum bist du nicht Sussja gewesen?"

AUS DER CHASSIDISCH-JÜDISCHEN TRADITION

Gastfreundschaft

Es war eines Tages im Frühling, als eine Frau vor ihrem Haus drei ältere Männer stehen sah. Sie sahen aus, als wären sie von weit her gekommen. Obwohl sie die Männer nicht kannte, wollte sie die drei einladen und fragte, ob sie hungrig seien. Da antwortete der eine von ihnen: „Sie sind sehr freundlich, aber es kann nur einer von uns mit Ihnen gehen. Sein Name ist Reichtum" und er deutete dabei auf den, der rechts von ihm stand. Dann wies er auf den, der links von ihm stand, und sagte: „Sein Name ist Erfolg. Und mein Name ist Liebe. Sie müssen sich überlegen, wen von uns Sie ins Haus bitten wollen."

Die Frau ging ins Haus zurück und erzählte ihrem Mann, was sie gerade draußen erlebt hatte. Ihr Mann sagte erfreut: „Toll, lass uns doch Reichtum einladen." Seine Frau aber widersprach: „Nein, ich denke, wir sollten lieber Erfolg einladen." Die Tochter aber meinte: „Wäre es nicht schöner, wir würden Liebe einladen?" „Ja, sie hat recht", sagte der Mann. „Geh raus und lade Liebe als Gast ein." Die Frau nickte und ging zu den Männern.

Draußen sprach sie: „Wer von euch ist Liebe? Bitte kommen Sie und seien Sie unser Gast." Liebe machte sich auf und ihm folgten die beiden anderen. Überrascht fragte die Frau: „Ich habe nur Liebe eingeladen. Warum wollen Sie nun auch mitkommen?" Die Männer antworteten gemeinsam: „Wenn Sie Reichtum oder Erfolg eingeladen hätten, wären die beiden anderen draußen geblieben. Da Sie aber Liebe eingeladen haben, gehen die anderen dorthin, wohin die Liebe geht."[29]

Meine Gedanken

Liebe beginnt nicht
beim Wort oder bei der Umarmung,
sie beginnt in unseren Gedanken und Gefühlen.

Wer liebt, empfängt.
Liebe ist wie ein Ruf in eine Echowand.
Es schallt zurück, was ich hineinrufe.

WILLIGIS JÄGER

Wo finde ich Gott?

Eine vielfach variierte Erzählung aus verschiedenen Religionen will auf diese Frage antworten:

„Als Gott die Welt erschaffen hatte, stellte er sich die Frage, wo er sich selbst, die Urkraft der Schöpfung, hinbegeben sollte, damit der Mensch ihn nicht immer als Alibi für seine zerstörerischen Taten, für seine ständigen Bitten und seine leeren, vor sich hin geleierten Gebete benutze. Vor allem aber, damit der Mensch lerne, seine Freiheit verantwortlich zu gebrauchen, und seine in ihm schlummernden Fähigkeiten selbst entdecke.

Gott rief seine himmlischen Wesen zusammen, stellte ihnen sein Anliegen vor und beriet sich mit ihnen. Ein Engel machte den Vorschlag, Gott könne auf den höchsten Berg gehen, um sich dort zu verstecken. Gott meinte: „Es wird nicht lange dauern, dann finden sie mich dort." Der zweite Engel sagte: „Verstecke dich in der Tiefe des dunklen Meeres." Doch Gott erwiderte: „Ich kenne die Menschen, sie werden tief tauchen und mich finden." Ein dritter rief: „Verstecke dich hinter dem Mond oder auf einem der anderen Planeten." Voll Zweifel antwortete Gott: „Sie werden mich finden." Da meldete sich der Engel Michael: „Ich hab's. Verstecke dich im Herzen jedes Menschen. Er wird niemals daran denken, dort nach dir zu suchen." Gott antwortete: „Ja, das werde ich tun. Wenn sie mich dort finden, dann sind sie gereift und auch innerlich mir ähnlich geworden."

Hinduistische Erzählung[30]

Meine Gedanken

Der Mensch soll alle seine Werke
zunächst einmal in seinem Herzen erwägen,
bevor er sie ausführt.

HILDEGARD VON BINGEN

Volle oder leere Schale?

Einmal wurde ein Meister nach dem Weg der Weisheit gefragt. Doch statt auf die Worte des Meisters zu hören, war der Besucher die ganze Zeit damit beschäftigt, von seinen Sorgen und Schwierigkeiten zu erzählen.

Schließlich kam die Teestunde und der Meister begann einzuschenken. Er goss die Schale des Besuchers bis zum Rand voll und hätte nicht mit dem Einschenken aufgehört, wenn der Besucher ihm nicht in den Arm gefallen wäre.

„Was tut ihr da, Meister", rief er, „seht ihr denn nicht, dass die Schale voll ist?"

„Ja, sie ist voll", sagte der Meister, „und auch du bist bis zum Rande angefüllt mit Sorgen und Schwierigkeiten. Wie soll ich dir Weisheit einschenken, wenn du mir keine leere Schale reichst?"

Aus der ZEN-Tradition

Meine Gedanken

Nicht das Vielwissen sättigt
und befriedigt die Seele,
sondern das Verspüren und Verkosten
der Dinge von innen her.

IGNATIUS VON LOYOLA

Leben nach der Geburt?

Ein ungeborenes Zwillingspärchen unterhält sich im Bauch seiner Mutter.

„Sag mal, glaubst du eigentlich an ein Leben nach der Geburt?", fragt der Bruder. „Ja. Hier drinnen wachsen wir und werden stark für das, was draußen kommen wird", antwortet das Mädchen. „Ich glaube, das ist Blödsinn", meint der Bruder. „Es gibt kein Leben nach der Geburt. Wie sollte das denn aussehen?" „Das weiß ich auch nicht so genau. Aber es wird sicher viel heller sein als hier. Und vielleicht werden wir herumlaufen und mit dem Mund essen?"

„Was redest du für einen Unsinn. Mit dem Mund essen, was für eine verrückte Idee. Es gibt doch die Nabelschnur, die uns ernährt. Und wie willst du herumlaufen? Dafür ist die Nabelschnur viel zu kurz", erwidert der Bruder heftig.

„Doch, es geht. Es wird eben alles nur etwas anders", lässt das Mädchen nicht locker. „Du spinnst. Es ist noch nie einer zurückgekommen von ‚nach der Geburt'. Mit der Geburt ist das Leben zu Ende", antwortet der Bruder. Nach einer Zeit des Schweigens sagt das Mädchen: „Ich glaube auch, dass wir eine Mutter haben, die für uns sorgt."

„Eine Mutter?", fragt der Bruder. „Ich habe noch nie eine gesehen. Wo soll die denn sein?" „Na hier – überall um uns herum. Wir sind und leben in ihr und durch sie. Ohne sie könnten wir gar nicht sein."

„Quatsch. Von einer Mutter habe ich noch nie etwas bemerkt, also gibt es sie auch nicht." „Doch, doch", sagt das Mädchen, „manchmal, wenn wir ganz still sind, kannst du sie singen hören. Oder spüren, wenn sie unsere Welt streichelt, wenn ..."[31]

Meine Gedanken

Musst du dir Gott erst beweisen?
Zündet man eine Fackel an,
um die Sonne zu sehen?

ÖSTLICHE WEISHEIT

Zwei Freunde

Zwei Freunde wanderten durch die Wüste. Während der Wanderung kam es zu einem Streit und der eine schlug dem anderen im Affekt ins Gesicht. Der Geschlagene war gekränkt. Ohne ein Wort zu sagen, kniete er nieder und schrieb folgende Worte in den Sand: „Heute hat mich mein bester Freund ins Gesicht geschlagen." Sie setzten ihre Wanderung fort und kamen bald darauf zu einer Oase. Dort beschlossen sie beide, ein Bad zu nehmen. Der Freund, der geschlagen worden war, blieb auf einmal Im Schlamm stecken und drohte zu ertrinken. Aber sein Freund rettete ihn buchstäblich in letzter Minute. Nachdem sich der Freund, der fast ertrunken war, wieder erholt hatte, nahm er einen Stein und ritzte folgende Worte hinein: „Heute hat mein bester Freund mir das Leben gerettet." Der Freund, der den anderen geschlagen und auch gerettet hatte, fragte erstaunt: „Als ich dich gekränkt habe, hast du deinen Satz nur in den Sand geschrieben, aber nun ritzt du die Worte in einen Stein. Warum?" Der andere Freund antwortete: „Wenn uns jemand gekränkt oder beleidigt hat, sollten wir es in den Sand schreiben, damit der Wind des Verzeihens es wieder auslöschen kann. Aber wenn jemand etwas tut, was für uns gut ist, dann können wir das in einen Stein gravieren, damit kein Wind es jemals löschen kann."[32]

Meine Gedanken

Man muss zu zweit sein,
um die Wahrheit zu entdecken:
der eine, um sie zu sagen,
der andere, um sie zu verstehen.

KHALIL GIBRAN

Die Kostbarkeit der weisen Frau

Eine weise Frau wanderte in den Bergen und fand dort einen wertvollen Edelstein. Am nächsten Tag traf sie einen hungrigen Wanderer. Sie öffnete ihren Beutel, um mit ihm ihr Essen zu teilen. Der Wanderer erblickte den wunderbaren Edelstein, bewunderte ihn und bat die Frau, ihn ihm zu schenken. Ohne zu zögern tat sie das. Über sein Glück frohlockend ging der Wanderer weiter. Er wusste, der Edelstein war wertvoll genug, um ihm für den Rest seines Lebens Sicherheit und Wohlstand zu bieten.

Doch nach einigen Tagen kam er zurück und suchte nach der weisen Frau. Als er sie gefunden hatte, gab er ihr den Stein zurück und sagte: „Ich habe nachgedacht. Ich weiß, wie wertvoll dieser Stein ist, aber ich gebe ihn dir zurück in der Hoffnung, dass du mir noch etwas viel Kostbareres schenkst. Kannst du mir das geben, was dich befähigt hat, mir diesen Edelstein zu schenken?"[33]

Meine Gedanken

> Spiritualität bedeutet nicht,
> zu wissen, was man braucht,
> sondern einzusehen,
> was man nicht braucht.
>
> **ANTHONY DE MELLO**

Die Schwierigkeit, es allen recht zu machen

Ein Vater zog mit seinem Sohn und einem Esel in der Mittags-
hitze durch die staubigen Gassen von Keshan. Der Vater saß
auf dem Esel, den der Junge führte. „Der arme Junge", sagte
da ein Vorübergehender. „Seine kurzen Beinchen versuchen
mit dem Tempo des Esels Schritt zu halten. Wie kann man so
faul auf dem Esel sitzen, wenn man sieht, dass das kleine Kind
sich müde läuft."

Der Vater nahm sich dies zu Herzen, stieg hinter der nächsten
Ecke ab und ließ den Jungen aufsitzen. Gar nicht lange dau-
erte es, da erhob schon wieder ein Vorübergehender seine
Stimme: „So eine Unverschämtheit. Sitzt doch der kleine Ben-
gel wie ein Sultan auf dem Esel, während sein armer, alter
Vater danebent herläuft." Dies schmerzte den Jungen und er
bat den Vater, sich hinter ihn auf den Esel zu setzen.

„Hat man so was schon gesehen?", keifte eine Frau, „solche
Tierquälerei! Dem armen Esel hängt der Rücken durch, und
der alte und der junge Nichtsnutz ruhen sich auf ihm aus. Die
arme Kreatur!" Die Gescholtenen schauten sich an, stiegen
beide ab und liefen neben dem Esel her.

Kaum waren sie einige Schritte gegangen, machte sich ein
Fremder über sie lustig: „So dumm möchte ich nicht sein.
Wozu führt ihr denn den Esel spazieren, wenn er nichts leis-
tet, euch keinen Nutzen bringt und noch nicht einmal einen
von euch trägt?" Da legte der Vater seine Hand auf die Schul-
ter des Sohnes und sagte: „Es bleibt sich gleich, was wir
machen, es findet sich immer jemand, der damit nicht einver-
standen ist. Ich glaube, wir müssen selbst wissen, was wir für
richtig halten."

Nossrat Peseschkian[34]

Meine Gedanken

Es ist einfacher,
ein Atom zu spalten,
als ein Vorurteil zu zerstören.

ALBERT EINSTEIN

Welcher Wolf wird gewinnen?

Ein alter Indianer saß mit seinem Enkel am Lagerfeuer. Sie sprachen lange über Gott, die Welt und die Menschen. Nach einer Weile des Schweigens sagte der Großvater: „Weißt du, wie ich mich manchmal fühle? Es ist, als ob zwei Wölfe in meiner Seele miteinander kämpfen würden. Der eine ist aggressiv, arrogant, gehetzt, sucht immer nur seinen Vorteil und will der Beste sein. Der andere hingegen ist ruhig, gelassen, mitfühlend, engagiert und liebevoll." Nach einer Pause fragte der Junge: „Und wer wird den Kampf gewinnen?" Der Großvater schwieg zunächst, dann schaute er ihn an und sagte: „Der Wolf, den ich füttere mit meinen Gedanken, Worten, Emotionen und Taten." [35]

Meine Gedanken

Das Glück des Lebens
hängt von der Beschaffenheit
deiner Gedanken ab.

MARCUS AURELIUS[36]

Lass dich vom Leben berühren

In Berührung sein
mit dem Leben
tastend
hörend
sehend

In Beziehung sein
mit meinem Nächsten
mitfühlend
achtsam
respektvoll

In Verbindung sein
mit aller Kreatur
staunend
suchend
dankend

In Dir täglich
das Leben vertiefen.

Pierre Stutz[37]

Heilsame
Unterbrechungen

Einstimmung

Ein Schüler fragte seinen Lehrer: „Meister, was ist Meditation?" Der Meister antwortete: „Zwischen jedem einzelnen Gedanken gibt es eine Lücke. Wenn ein Gedanke vergangen ist, der nächste noch nicht entstanden ist, entsteht eine Pause, richtig?" „Ja", antwortete der Schüler. „Gut", erwiderte der Meister, „versuche, diese Pause, diese Lücke zu verlängern. Das ist Meditation!"

Sandy Taikyu Kuhn Shimu[38]

So eindeutig, wie es in dieser Geschichte der Meister definiert, ist die Antwort für viele Menschen nicht. Die unterschiedlichsten Methoden, Haltungen und Übungen werden heute als Meditation bezeichnet und oft wird sie auch mit Kontemplation gleichgesetzt. Letzteres bedeutet in der christlichen Tradition ein Leben, das dem Gebet, der Stille und dem schauenden Sein mit Gott gewidmet ist. Meditation, lateinisch „meditari", bedeutet „nachsinnen, betrachten, überlegen". Sie ist jedoch nach christlichem Verständnis „nur" der Weg, um dem Wort und Geist Gottes Raum in mir zu geben. Welche Meditationsform auch immer ich bevorzuge, ich muss sie kennenlernen, einüben und wiederholen, damit meine Sinne feinfühlig werden und ich lerne, auf meine innere Stimme zu hören. Üben, das heißt, Worte, Texte oder Geschichten auch mehrmals zu lesen, darüber nachzusinnen, und sich in sie zu vertiefen, damit sie ihre heilsame Wirkung entfalten.

Es gibt für den Menschen keine geräuschlosere und ungestörtere Zufluchtsstätte als seine eigene Seele. Halte recht oft solch stille Einkehr und erneuere so dich selbst.

Marc Aurel[39]

Während Stille ein Zustand ist, den wir wahrnehmen, bin ich beim Schweigen selbst aktiv, ich halte den Mund. Äußeres Schweigen ist für viele noch einfach, schwerer ist das innere Schweigen, wenn mir Gedanken im Kopf herumschwirren, ich Probleme wälze, Pläne schmiede, rund um mich alles bewerte oder beurteile, ... Pilgern bedeutet auch, äußeres und inneres Schweigen einzuüben, meine Wahrnehmung zu verbessern und mich anschließend nach innen, meiner Seele, zuzuwenden. Dazu laden dich die folgenden Übungen ein.

Geh- und Schweigemeditationen

Grundsätzlich besteht die Möglichkeit, im Sitzen, Stehen und Gehen zu schweigen und zu meditieren. Beim Pilgern bietet sich zunächst das schweigende Gehen mit unterschiedlichen inhaltlichen Impulsen an.

Schweigend gehen und meditieren

Ich beginne die ersten Schritte, laufe mich langsam ein und finde meinen Gehrhythmus. Dabei achte ich auf mein Aus- und Einatmen, mein Atem kommt und geht, ... und ich bemühe mich, mein Gehen und Atmen in einem „Schritt-Atem-Rhythmus" zu verbinden. Es hilft, zunächst langsam zu gehen und meine Schritte am Atem orientiert zu zählen, z.B. 5 Schritte einatmen und 5 Schritte ausatmen, ... Hat sich mein Schritt-Atem-Rhythmus nach einiger Zeit eingespielt, richte ich meine Aufmerksamkeit auf andere Dinge, z.B. auf meine körperliche Wahrnehmung: Gehe ich aufrecht, leicht gebeugt, locker, drückt der Rucksack, ...? Welchen Untergrund spüre ich – eine Wiese, steinigen Weg, harten Asphalt, weichen Waldweg, Schotter, ...? Welcher gibt mir Halt, ist angenehmer zu begehen, ...? Ich richte meine Aufmerksamkeit auf meine Beine und Füße – Was spüre ich? Gelenke, Blasen, Verletzung, enge Schuhe, ...? Ich achte immer wieder auf meinen Gehrhythmus und lasse mich schweigend auf meine Wahrnehmungen ein, ohne sie zu bewerten. Wenn ich aus meinem Rhythmus komme, fange ich einfach wieder neu an. Es gibt dabei keine Fehler, ich nehme nur wahr, was ist, was mir guttut, ändere eventuell etwas und danke dann meinen Füßen und Beinen, dass sie mich sicher dieses Stück Weg getragen haben.

Schweigend gehen, wach mit allen Sinnen

Pilgern verändert unsere Wahrnehmung. Schon nach wenigen Tagen bemerken wir: Wir sehen, hören, riechen, schmecken und spüren wieder Dinge, die wir vorher nicht beachtet haben. Diese Wirkung können wir verstärken.

Ich gehe schweigend und langsam. Ich bemühe mich – wie in der vorangegangenen Übung beschrieben –, mein Gehen und Atmen zu koordinieren. Doch dann richte ich meine Aufmerksamkeit mit allen Sinnen auf die Umgebung, ich staune und genieße:

Ich *sehe* die Formen der Wolken, das wogende goldgelbe Korn, den roten Mohn und die Blume am Wegrand, den knorrigen Baum, das farbige Geflecht am Felsen, den flatternden Schmetterling, das sich im Wind wiegende Gras oder Schilf, ...

Ich *höre* das Zwitschern der Vögel, das Klopfen des Spechts, die Geräusche der Blätter im Wind, das Plätschern des Baches am Wegrand, ...

Ich *rieche* frisches Brot, die dampfende Erde nach einem Gewitter, die Düfte der Landschaft, der Kräuter, ...

Ich *schmecke* meine trockene Zunge oder das erfrischende

Brunnenwasser, ich genieße den saftigen Apfel, die am Wegrand gepflückte Beere, …

Ich *spüre* den weichen Waldboden, die wärmende Sonne, den Regen, den erfrischenden Wind, die müden Füße, die schmerzenden Blasen, …

Ich kann damit die Übung für heute beenden und am nächsten Tag auf einem anderen Wegabschnitt wiederholen oder auch jetzt gleich weiterfragen: Was bewegt mich, was fühle, was denke ich, wenn ich das alles sehe, höre, … Was bewirken diese Sinneserfahrungen in mir? Welche Gefühle und Fragen rufen sie bei mir hervor? … Damit kann aus dem „Hin-Sehen" ein „Hinein-Sehen", aus dem „Hin-Hören" ein „Hinein-Hören" werden, eine innere Wahrnehmung, ein inneres Sehen oder Hören, … Viele Pilger fragen auch nach dem Urgrund, dem Schöpfer, ihres Staunens über die Schönheit der Natur und danken für diese Erfahrungen (vgl. dazu den Text aus der indianischen Tradition auf der folgenden Seite).

Staunen – die Natur als Kraftfeld

Die beschriebenen Inhalte dieser Sinnesübungen im Gehen kann ich, wie bereits erwähnt, auch im Stehen oder Sitzen durchführen. Ich unterbreche mein Gehen, z.B. weil mir der Blick in die Landschaft gefällt oder mich eine schöne Blume oder die Farbenpracht am Wegrand besonders anspricht. Ich halte inne, bleibe stehen oder suche mir einen Ort, an dem ich ruhig stehen oder bequem sitzen, die Schönheit der Natur sehen, hören und riechen und meinen Wahrnehmungen und Gedanken nachgehen kann. Der Theologe Jörg Zink nennt solche Zeiten „in einem Kraftfeld sein" und aus ihm leben: „Nichts anderes heißt glauben. Wer glaubt, dass Gottes Geist in dieser Welt und in ihm selbst am Werk ist, der kann dann auch hingehen und sich mit allen seinen Kräften freuen an dem, was stark ist und vital, was lebt und wirkt. Er kann sich freuen an allem, was schön ist, was leuchtet, was duftet, was klingt. Er kann sich der Erde zuwenden und sie lieben, und er wird etwas in die Erde pflanzen in der Hoffnung, dass der Geist noch am Werk ist."[40]

Indianische Weisheit – Gottes Wirken spüren
Woher wüssten wir, wie wir leben sollen,
wenn wir nicht an etwas glauben,
das größer ist als wir?
Was würde uns lehren zu leben?

Wer sagt dem Baum,
wann die Zeit kommt,
seine kleinen Blätter auszutreiben?
Wer sagt den Drosseln,
wann es warm geworden ist
und sie wieder in den Norden fliegen können?
Vögel und Bäume hören auf etwas,
das weiser ist als sie. ...

Oft sitze ich allein, schaue die Lilien an ...
und frage mich:
Wer hat euch gesagt,
dass es Zeit ist zu blühen?
Ich denke nach und denke nach,
und immer komme ich auf dieselbe Antwort:
Das, was größer ist als wir,
lehrt alle Lebewesen,
was sie tun sollen.

Wir sind wie die Blumen.
Wir leben und sterben,
und aus uns selbst heraus wissen wir nichts.
Aber das, was größer ist als wir,
zeigt uns, wie wir leben sollen.

Chiparopai, indianische Frau[41]

Das Licht meiner Kerze

Pilger entdecken auf Jakobuswegen immer wieder Orte, in einer Kirche oder auf dem Weg, an denen sie innehalten. Oft entsteht daraus eine Gewohnheit, ein Ritual, mit dessen Hilfe sie sich innerlich öffnen und über persönliche Erfahrungen und Fragen nachsinnen.

So erzählte mir Monika:

„Unterwegs zünde ich in jeder Kirche eine Kerze an und schaue still in die Flamme. Obwohl ich nie christlich erzogen wurde, denke ich an liebe Menschen, an Pilger, denen ich begegnet bin, oder danke für Erlebnisse. Ich schöpfe daraus viel Energie. Manchmal bete ich sogar:

Gott, möge das Licht dieser Kerze mir leuchten auf meinem Weg in guten und schwierigen Situationen.

Möge sie ein Feuer sein, in der mein Egoismus und Undank verbrennt. Möge sie die Flamme sein, an der sich mein Herz erwärmt und ich das Wesentliche für mein Leben erkenne.

Ich gehe weiter, die Kerze bleibt hier. Begleite mich, damit ich meine Erkenntnisse lebe."[42]

DU... SCHAFTT

ES

:)

21.04.20

Ankommen,
heimkehren und
weitergehen

Erfahrungen von Pilgern

Ankommen am Ziel, da überwiegen Freude, Stolz und Zufriedenheit. Viele Pilger sind jedoch überrascht, wenn sie feststellen, dass sie neben der Freude auch eine gewisse Traurigkeit verspüren. Ich bin angekommen, das Ziel ist auch das Ende meines Pilgerns, es heißt Abschied nehmen vom täglichen Pilgern und den Mitpilgernden. Ich kehre heim, doch ich bin nicht mehr der, als der ich aufgebrochen bin. Der Weg hat mich verwandelt. Damit beginnt das Weitergehen als Pilger im Alltag.

Wenn ich Glück und Freude bei meiner Ankunft in Santiago de Compostela messen könnte, dann gibt es kein Maß dazu. (Claudia)

Ich ging mit der Frage auf den Weg: Bleibe ich in meinem Beruf oder beginne ich etwas Neues? Der Camino hat mich mit der harten Wahrheit konfrontiert, dass ich vorwiegend mein Ego bediene. Unterwegs habe ich entdeckt: Ich brauche Menschen und sie brauchen mich. Ich will in Zukunft für und mit ihnen arbeiten. Gestärkt und motiviert kehre ich heim mit dem Vertrauen: Ich schaffe es! (Hans-Joachim)

Erst daheim werde ich wirklich erkennen, was der Weg mir geschenkt hat. (Martina)

Ich bin in der Regel misstrauisch, doch unterwegs habe ich gelernt zu vertrauen: dem Weg und meinen Füßen, mir selbst und anderen und einer höheren Macht, die mich begleitet hat. Ich gehe gestärkt in den Alltag zurück, dort geht mein Pilgerweg weiter. (Anne)

Pilgersegen: Geh deinen Weg!

Gehe deinen Weg
ruhig und gelassen
denke immer daran welche Kraft
dir das Pilgern
die Begegnungen mit dir selbst
mit der Natur und den Menschen
die Zeit der Stille schenkte

Sei offen für alles
was dir im Alltag begegnet
höre anderen wertschätzend zu
ermutige und tröste
wo immer du es für nötig erachtest
sage deine Wahrheit freundlich und klar

Lebe deine Werte
sei du selbst
vergleiche dich nicht mit anderen
übernimm gerne Verantwortung
aber verliere dich dabei nicht selbst
Finde deinen Lebensrhythmus
achte auf den Frieden deiner Seele
lebe deinen Glauben
wie du ihn zurzeit verstehst
gehe deinen Weg

Gott segne dich
auf deinem Pilgerweg des Lebens

Peter Müller

Weisheitsgeschichten und Sinnsprüche

Der Pilger und sein Stein

Ein 46-jähriger Mann sieht unterwegs einen Stein. Form und Farbe gefallen ihm, sie sprechen ihn an, er ist von ihm berührt. Er trägt den Stein (ca. 2 kg) drei Tage im Rucksack mit sich, ohne dass andere es wissen. Am Ziel angekommen zeigt er am letzten Tag in der abschließenden Gesprächsrunde der Gruppe seinen Stein und sagt: „Mit diesem Stein habe ich in den letzten Tagen über meinen Vater und mich nachgedacht. Ich habe mit meinem Vater geredet. Es war nicht leicht, da gab es noch einige Dinge zu klären, die mich belasteten. Nun fühle ich mich schon etwas freier. Der Stein ist für mich wichtig geworden. Er ist ein Symbol für das, was ich in den letzten Tagen unseres Pilgerns losgelassen habe. Ich nehme ihn mit heim und lege ihn meinem Vater, der vor zwei Jahren gestorben ist, auf sein Grab." Nach einer kurzen Stille antwortet ein Mitpilger: „Dein Tun und Vorhaben berührt mich sehr. Du vollziehst damit ein altes jüdisches Ritual. Nach einem Besuch am Grab legt man einen Stein als Zeichen des Besuchs auf das Grab." Nach einer Zeit der Stille sprachen wir ein Dankgebet, in das jeder eine wichtige Erfahrung dieser Pilgertage einbrachte.

Peter Müller[43]

Meine Gedanken

Wer frei werden will, für den gilt:
Geh und finde heraus,
wer oder was dich gefangen hält.

ANTHONY DE MELLO

Die sieben Weltwunder

Bei einer Veranstaltung mit jungen Erwachsenen fragte die Kursleiterin: „Welches sind für Sie die sieben größten Weltwunder? Schreiben Sie diese bitte auf einen Zettel."

Reihum lasen die Teilnehmer anschließend ihre Weltwunder vor. Am meisten genannt wurden: Pyramiden von Gizeh, die Chinesische Mauer, die Peterskirche in Rom, die hängenden Gärten von Babylon, der Grand Canyon, …

Als die letzte Teilnehmerin an der Reihe war, zögerte diese zunächst. Doch dann las sie vor:

„Ich denke, die sieben Weltwunder sind für mich:

sehen zu können

hören zu können

laufen zu können

schmecken zu können

berühren zu können

lachen zu können

lieben zu können.

Nicht nur, dass jeder Mensch das kann, ist ein Weltwunder, sondern auch, dass wir uns diese Wunder gegenseitig schenken können."

In der Runde wurde es ganz still. Dann sagte die Kursleiterin: „Wir sehen und bestaunen oft zu Recht die großen Leistungen der Menschheit. Doch wir sind auch in Gefahr, die kleinen alltäglichen und selbstverständlichen Dinge zu übersehen. Die kostbarsten Dinge im Leben sind oft nicht jene, die präsentiert, bestaunt oder gekauft werden, sondern vor allem die Dinge, welche vom Einzelnen und im menschlichen Miteinander gelebt werden."

Peter Müller[44]

Meine Gedanken

Wenn durch einen Menschen
ein wenig mehr Liebe und Güte,
ein wenig mehr Licht und Wahrheit
in der Welt war,
hatte sein Leben einen Sinn.

ALFRED DELP

Berührt werden verändert

In einem Juwelierladen konnten sich zwei Freunde nicht satt sehen an den Edelsteinen. Sie staunten über die Vielfalt der Steine, über ihr Leuchten und Glitzern. Plötzlich aber stutzten sie. Vor ihnen lag ein gewöhnlicher Stein, matt und ohne Glanz. Wie kommt der denn hierher?

Diese Frage hörte der Juwelier und musste lächeln: „Nehmen Sie diesen Stein ein paar Augenblicke in die Hand."

Als der Mann einige Augenblicke später die Handfläche öffnete, strahlte der vorher glanzlose Stein in herrlichen Farben. Wie ist das möglich? Der Fachmann wusste die Antwort:

„Das ist ein Opal, ein sogenannter sympathetischer Stein. Er braucht die Berührung mit einer warmen Hand, und schon zeigt er seine Farben und seinen Glanz. In der Wärme entzündet sich leise und lautlos sein Licht."

Nossrat Peseschkian[45]

Meine Gedanken

In jedem Menschen ist etwas Kostbares,
das in keinem anderen ist.

MARTIN BUBER

Was uns das Wasser lehrt

Im alten China fragten einmal einige Schüler ihren weisen Meister: „Du stehst nun schon so lange vor diesem Fluss und schaust ins Wasser. Was siehst du da?" Der Weise gab zunächst keine Antwort. Er wandte den Blick nicht ab von dem unablässig strömenden Wasser. Endlich sprach er:

„Das Wasser lehrt uns, wie wir leben sollen. Wohin es fließt, bringt es Leben und teilt sich aus an alle, die seiner bedürfen. Es ist gütig und freigiebig.

Die Unebenheiten des Geländes versteht es zu nutzen oder auszugleichen: Es ist gerecht.

Ohne zu zögern stürzt es sich über Steilwände oder fließt es in tiefe Abgründe. Es ist mutig.

Es gleitet ruhig und ebenmäßig dahin, es kann aber auch große Tiefen bilden. Es ist weise.

Felsen, die seinem Lauf entgegenstehen, umfließt es. Es ist verträglich.

Um ein Hindernis zu beseitigen, ist seine Kraft Tag und Nacht am Werk. Es ist ausdauernd.

Wie viele Windungen es auch auf sich nehmen muss, niemals verliert es seine Zielrichtung, das Meer, aus den Augen. Es ist zielbewusst.

Und sooft es auch verunreinigt wird, bemüht es sich doch unablässig, wieder rein zu werden. Es hat die Kraft, sich immer wieder selbst zu erneuern."

„Das alles", sagte der Weise, „ist es, warum ich auf das Wasser schaue. Es lehrt mich das rechte Leben."

Weisheitsgeschichte aus China[46]

Meine Gedanken

Wasser –
Geht seinen Weg durch unendliche Wandlungen.
Ich bin einmal Meer, einmal See oder Fluss,
eine Wolke, dann Tau, dann Regen.
Ich habe keine bleibende Gestalt.
Wenn du sein willst wie ich,
dann überlasse dich den Veränderungen,
die mit dir geschehen.

JÖRG ZINK[47]

Den Bogen nicht überspannen

Ein Jäger drang auf der Jagd nach wilden Tieren in die Wüste vor. Da stieß er auf den Abbas Antonius und einige seiner Brüder, die gerade lachend miteinander ein Spiel veranstalteten. Das fand er sehr befremdlich. Da forderte ihn Antonius auf: „Lege einen Pfeil auf deinen Bogen und spanne!" Er spannte ihn. Antonius wies ihn an: „Spanne noch stärker!" Da entgegnete der Jäger: „Wenn ich ihn überspanne, bricht der Bogen." Da sprach der Abbas: „So ist es auch mit dem spirituellen Leben. Wenn man den Brüdern eine zu große Spannung zumutet, zerbrechen sie bald."

Aus der christlichen Mönchstradition (4./5. Jh.)

Meine Gedanken

Der Himmel hat den Menschen
als Gleichgewicht zu vielen Mühsalen des Lebens
drei Dinge gegeben:
Hoffnung – Schlafen – Lachen.

IMMANUEL KANT

Heimkehren heißt weitergehen

erkenne –
verwandelt kehrst du heim
reich an persönlichen Erfahrungen
bist du nicht mehr der Gleiche
der aufgebrochen ist
doch die Menschen
viele Fragen und Probleme
die Erwartungen und Herausforderungen
sind geblieben

nutze deine neue Chance –
Altes neu zu sehen
deinen neuen Erfahrungen zu trauen
mutig neue Wege zu gehen
langsamer ist manchmal schneller
Zeit nehmen um Zeit zu haben
weniger ist mehr
nur ändern, was ich ändern will
meinen Gefühlen vertrauen
Gott trauen

entdecke –
nur im Weitergehen
geduldig Schritt für Schritt
bleibst du in der Spur
eröffnen sich neue Möglichkeiten
findest du den Sinn deines Lebens
denn der eigentliche Pilgerweg
ist der Alltag des Lebens
Gott wird dich begleiten

Peter Müller[48]

Weitergehen – Pilgern im Alltag

Aufbrechen, das heißt, sich einzulassen auf das Pilgern in der Fremde, Heimkehr ist die Herausforderung, das Neue, das ich unterwegs erlebt, bedacht und als gut erkannt habe, in den Alltag meines Lebens zu integrieren.

Weitergehen – Von Christian Friedrich Hebbel ist die Aussage überliefert: „Eine Reise ist ein Trunk aus der Quelle des Lebens." Sehr viele Pilger können das von ihrer Pilgerreise bestätigen, doch ebenso spüren sie, dass die schwierigste Etappe ihres Pilgerweges daheim beginnt. Ich bin nicht mehr der oder die Gleiche, als der oder die ich aufgebrochen bin, doch die Menschen meines Lebens- und Arbeitsfeldes, ihre Fragen und Probleme, ihre Erwartungen an mich und das soziale Netz sind meist geblieben. Welche neu erworbene Pilgerhaltung will ich bewahren? Welchen meiner Pilgererfahrungen kann ich trauen? Wie kann ich sie im Alltag leben? Auf welche Widerstände könnte ich dabei treffen? Wie gehe ich damit um? ...

Eine erste Anregung dazu: Nimm dir einmal in der Woche Zeit, lies einen kurzen Abschnitt aus deinem Pilgertagebuch oder deinen Notizen zu einer Geschichte. Damit vertiefst du deine Erinnerungen an deine Pilgerzeit und motivierst dich, deine neuen Vorsätze, trotz eigener und fremder Widerstände, zu leben. Oder: Wähle jeden Morgen einen Sinnspruch, schreibe ihn auf einen kleinen Zettel, merke ihn dir oder nimm ihn mit, lies ihn ab und zu während des Tages und frage dich:
Was will dieser Sinnspruch mir gerade jetzt in dieser beruflichen oder privaten, erfreulichen oder ärgerlichen Situ-

ation sagen? Du kannst aber auch ganz andere Wege suchen und gehen, um deine Pilgererfahrungen im Alltag zu leben. Welchen Weg du gehst und was du alles tust, dafür bist du selbst verantwortlich. Das zeigt folgende Geschichte:

Das liegt in deiner Hand

Ein von sich und seiner vermeintlichen Klugheit eingenommener Schüler wollte seinen wegen seiner Weisheit berühmten Meister prüfen und bloßstellen. „Ich werde einen Schmetterling fangen", so sagte er zu sich „und ihn dann vor allen Anwesenden fragen, ob der Schmetterling in meiner Hand tot oder lebendig ist. Antwortet er ,tot', dann öffne ich die Hand und lasse den Schmetterling fliegen. Antwortet er, ,er lebt', dann genügt ein kleiner Faustdruck, um den Schmetterling zu töten." So ging er zu dem weisen Meister und fragte: „Meister, ich habe hier in der Hand einen Schmetterling. Was meinst du? Handelt es sich um einen lebenden oder toten Schmetterling?" Der weise Meister schwieg zunächst, überlegte eine Weile, sah ihm in die Augen und sprach: „Ob der Schmetterling, den du in der Hand hast, lebendig oder tot ist, das liegt allein in deiner Hand."

Peter Müller[49]

Lebe in Balance – So meine zweite Anregung an dich: Sie erklärt sich in der folgenden Geschichte selbst. Abraham a Santa Clara (1644–1709) sprach einmal über den Leitsatz des hl. Benedikt „ora et labora – bete und arbeite".

Einige Tage später kam ein junger Mann zu ihm und erklärte: „Ich kam bei Ihren Ausführungen nicht ganz mit: Können Sie mir die Richtigkeit Ihrer Behauptungen beweisen?" Statt einer

langen Erklärung führte ihn der Hofprediger an einen kleinen
See, bestieg mit ihm einen Kahn und ruderte los. Nach einer
Weile, Abraham a Santa Clara hatte immer noch nichts
gesagt, rief der junge Mann: „Wir bewegen uns ja dauernd im
Kreise. Sie müssen nicht mit nur einem, sondern mit zwei Rie-
men rudern, wenn wir vorankommen wollen!" – „Du hast
recht", schmunzelte der kluge Prediger, „siehe, das rechte
Ruder heißt arbeiten, das linke heißt beten. Wer das nicht
kapiert, kommt niemals vom Fleck und findet nie seine
Balance."[50]

Gott,
bewahre mich vor dem naiven Glauben,
es müsste im Leben alles gelingen.
Schenke mir die nüchterne Erkenntnis,
dass Schwierigkeiten, Niederlagen,
Misserfolg und Rückschläge
eine selbstverständliche Zugabe zum Leben sind,
durch die wir wachsen und reifen.

Antoine de Saint-Exupéry

Suchhilfen

Geschichten von A–Z

Thematisches Stichwortverzeichnis

Textnachweis

Für einige Texte konnten wir keine Quellen bzw. Rechtsinhaber ausfindig machen. Für Hinweise sind Autor und Verlag dankbar.

0   Michaela Diers (Hg.): Perlen der Weisheit. Die schönsten Texte von Anthony de Mello, Freiburg 2010, S. 53.

1   Vgl. Originaltext in: Perlen der Weisheit, S. 144, bearbeitet von Peter Müller.

2   Jüdische Geschichte, gefunden in: Willi Hoffsümmer: Kurzgeschichten 2, Mainz 1983, Nr. 186, bearbeitet und aktualisiert von Peter Müller.

3   Anselm Grün: Der Weg durch die Wüste. 40 Weisheitssprüche der Wüstenväter, 6. vollständig überarbeitete Neuauflage, Münsterschwarzach 2014, S. 9f.

4   Tania Konnerth: Leben kann so einfach sein, Paderborn 2001, S. 93.

5   Henri Nouwen: Die Richtung finden. Ein spiritueller Reisebegleiter für den langen Weg des Glaubens, Freiburg 2015, S. 34 f.

6   339–397 n. Chr.

7   Nach Anthony de Mello.

8   Quelle: Persönliche Notizen während der Gespräche mit deutschsprachigen Pilgern im Rahmen der deutschen Pilgerseelsorge in Santiago de Compostela und in Pilgergruppen, die ich begleitete. Die Namen wurden geändert. (Vgl. auch S. 68 und 122).

9   Nach einer Idee von Tania Konnerth: Aus der Schatzkiste des Lebens, Freiburg 2008, S. 26 f.

10   Bernhard von Clairvaux: Gotteserfahrung und Weg in die Welt, hrsg. von Bernardin Schellenberger, Olten o.J.

11   Uwe Böschemeyer: Zu der Quelle des Lebens gehen, SKV-Edition in SCM-Verlag GmbH & Co. KG, Lahr 1995, 19.05.

12   Quelle unbekannt, vorliegende Bearbeitung von Peter Müller.

13   Rudolf Otto Wiemer: Ernstfall. Gedichte, © J. F. Steinkopf Verlag, 3. Auflage, Stuttgart 1989.

14   Detlef Wendler: Beten. Heilsame Kräfte entdecken, Ostfildern 2012, S. 29.

15   Gründer der ersten christlichen Klöster, 292–346.

16   Peter Müller: Komm, wir pilgern. Dein Jakobus, Ostfildern 2014, S. 47.

17   Lothar J. Selwert: Wenn du es eilig hast, dann gehe langsam. Mehr Zeit in einer beschleunigten Welt, 9. überarbeitete Auflage, Frankfurt 2005, S. 18.

18   Gefunden an der Sonnenuhr des Benediktinerklosters Beuron, Donautal.

19   Christlicher Mönchsschriftsteller, 345–399.

20   Quelle unbekannt, vorliegende Bearbeitung von Peter Müller.

21   Moraltheologe und Bischof, 1835–1898.

22   Anthony de Mello: Die Fesseln lösen. Einübung in erfülltes Leben, © Verlag Herder GmbH, Freiburg 1994, S. 13f.

23   Paulo Coelho: Unterwegs / Der Wanderer, aus dem Brasilianischen von Maralde Meyer-Minnemann. Copyright der deutschsprachigen Ausgabe © 1999, 2013 Diogenes Verlag AG, Zürich.

24   Anthony de Mello: Wer bringt das Pferd zum Fliegen. Weisheitsgeschichten, © Verlag Herder GmbH, Freiburg 2013, S. 116.

25 Hoher Verwaltungsbeamter in Ägypten vor ca. 3500 Jahren.

26 Schamane der Eskimos.

27 Christlicher Mönchsschriftsteller, 345–399.

28 Anthony de Mello: Warum der Schäfer jedes Wetter liebt, © Verlag Herder GmbH, Freiburg 1992, S. 56.

29 Bearbeitet von Peter Müller (Verfasser unbekannt).

30 Bearbeitet von Peter Müller.

31 Idee von Henry Nouwen, bearbeitet von Peter Müller.

32 Quelle unbekannt.

33 Quelle unbekannt.

34 Nossrat Peseschkian: Der Kaufmann und der Papagei, © Fischer Taschenbuch Verlag GmbH, Frankfurt 1979, S. 130.

35 Quelle unbekannt, vorliegende Bearbeitung von Peter Müller.

36 121–180, römischer Kaiser von 161–180.

37 Pierre Stutz: Verweile im Augen-Blick, S. 8, © 2005 Verlag am Eschbach der Schwabenverlag AG, Eschbach/Markgräflerland. www.verlag-am-eschbach.de

38 Sandy Taikyu Kuhn Shimu: Das Tao der Worte. Zen-Geschichten, die das Herz und den Geist bewegen, © 2013 Schirner Verlag, Darmstadt, S. 104.

39 Römischer Philosophenkaiser, 121–180.

40 Jörg Zink in: Kostbare Erde, Stuttgart 1992, S. 199.

41 Jörg Zink: Unter dem großen Bogen. Das Lied von Gott rings um die Erde, Stuttgart 2001, S. 88; gekürzt und bearbeitet von Peter Müller.

42 Vgl. Peter Müller, Auf gutem Weg, 7x7 Pilgerkarten, Münsterschwarzach 2014, Nr. 5.2.

43 Ein Erlebnis am Ende einer zehntägigen Gruppen-Pilgerwanderung.

44 Nach einer Idee aus dem DGSL-Rundbrief 2/05, S. 4.

45 Nossrat Peseschkian: Das Leben ist ein Paradies, zu dem wir den Schlüssel finden können, © Verlag Herder GmbH, Freiburg 2004, S. 186.

46 Nach Li Gi, Dem Buch der Ritten, Sitten und Gebräuche (um 200 v. Chr.).

47 Jörg Zink: Erde, Feuer, Luft und Wasser. Der Gesang der Schöpfung und das Lied des Menschen © Kreuz Verlag in der Verlag Herder GmbH, Stuttgart 1986, S. 181.

48 Peter Müller: Komm, wir pilgern. Dein Jakobus, Ostfildern 2014, S. 130.

49 Eine längere Version befindet sich in: Paul Jakobi: Damit die Saat aufgeht, Mainz 1984, S. 172.

50 Quelle unbekannt.

Anmerkung

Alle biblischen Texte und Zitate sind zitiert nach der Einheitsübersetzung der Heiligen Schrift, DIE BIBEL Gesamtausgabe, Stuttgart 1980.

Weiterführende Literatur

Joan Chittister: Weisheitsgeschichten aus den Religionen. Antworten auf Fragen des Lebens, Freiburg 2007.

Abt Odilo Lechner: Das Leben ist ein Pilgerweg. Unterwegs zu sich selbst, München 2009.

Anthony de Mello: Was weiß der Frosch vom Ozean. Weisheit für Kopf und Herz, Freiburg 2002.

Anthony de Mello: Perlen der Weisheit, Freiburg 2010.

Peter Müller: Die Seele laufen lassen. Pilgertage und spirituelle Wanderungen, 3. Auflage, München 2009.

Peter Müller: Meine Sehnsucht bekommt Füße. Ein spiritueller Pilgerführer, München 2009.

Peter Müller: Wer aufbricht, kommt auch heim. Vom Unterwegssein auf dem Jakobusweg, 7. überarbeitete Auflage, Eschbach 2010.

Peter Müller: Komm, wir pilgern. Dein Jakobus, Ostfildern 2014.

Nossrat Peseschkian: Steter Tropfen höhlt den Stein, München 2000.

Richard Rohr: Ins Herz geschrieben. Die Weisheit der Bibel als spiritueller Weg, Freiburg 2008.

Margaret Slif: In allem Weisheit. Wege zum spirituellen Wissen der Menschheit, München 2007.

Mit Jakobus pilgern

Peter Müller
Komm, wir pilgern, Dein Jakobus
Das Pilgerbuch für zu Hause und unterwegs

Format 12 x 19 cm
144 Seiten
Klappenbroschur
ISBN 978-3-8436-0502-1

Pilgern ist mehr als »Ich bin dann mal weg«. Zum Pilgern gehört, sich auf das, was heute geschieht, einzulassen, für Begegnungen offen zu sein und zu vertrauen. Pilgern ist eine Lebenshaltung, die ich im Unterwegssein, aber auch im Alltag entdecken und einüben kann.

In diesem Buch lässt der erfahrene Pilgerbegleiter Peter Müller den biblischen Jakobus Briefe an die Pilgerinnen und Pilger schreiben. Und es zeigt sich: Der Patron des Jakobsweges ist ein guter Gefährte auf all den inneren und äußeren Pilgerwegen. Gedichte, tiefgründige Texte und vielfältige Impulse runden dieses spirituelle Pilgerbuch ab.

PATMOS   www.patmos.de